JN290196

PIAGET

欲望としての知識

Knowledge as Desire
AN ESSAY ON FREUD AND PIAGET

フロイトとピアジェについての論考

FREUD

KNOWLEDGE AS DESIRE : AN ESSAY ON FREUD AND PIAGET
by Hans G. Furth
Copyright © 1987 Columbia University Press
Japanese translation rights arranged with Columbia University Press, New York
through Tuttle-Mori Agency, Inc., Tokyo.

> すべての有意義な知識は行動のためにあり，
> すべての有意義な行動は友情のためにある。
>
> マクマレイ

序　文

　本書を書き終えて，私はこの25年以上にわたり研究してきたピアジェの理論についての一応の結論に到達した。本書の出発点となったのは『ヒューマン・ディヴェロップメント』誌と『ニュー・アイディアズ・イン・サイコロジー』誌に1983年に発表した論考である。

　長年にわたり，研究を進めるうえで快適な環境と挑戦的な機会を与えてくれたカソリック大学の同僚に感謝したい。意見交換をし合った方々，ここには，私のピアジェの講義やセミナーに出席した多数の学生たちを含むが，そのなかから特に次の方々の名を挙げたい。ダン・ダルストロム，ポール・フィリベルト，ブルース・ロス，ジャッキー・スモーラー，レイモンド・ストゥジンスキー，ジム・ユーニス，加えて，ジョン・ブロートン（コロンビア大学），トム・マッカシー（ノースウェスタン大学），ジャック・ミーチャム（ニューヨーク大学バッファロー校）の各氏である。

　はっきりと文献や著者に言及しないところもあるが，或る人の研究が本書全体に強い影響を与えている。スコットランドの哲学者ジョン・マクマレイが1953年と54年，エジンバラ大学ギフォード記念講座で「個人的であることの形」と題する講義をした。講義録は『行為者としての自己』『関係のなかの個人』と題する2冊の本に収められている。マクマレイの考えに接して，私は人間の心理に関する自分の想念のなかのミッシング・リンクが何であるかに気づいた。すなわち，個人間の関係を，そこから他のすべての人間

活動が引き出される，原初的で具体的な行為と位置づけるというものである。この見通しにおいては身体的現実は，理解の事実上所与の，究極的な基盤であるということではなく，それ自体，人間心理の原初的事実としての個人間の関係から引き出されることが何としても必要なのである。この明察のおかげで，私はピアジェの諸構造の論理が身体的事象の死んだ論理ではなく，同化する生物の生きた論理であるということに気づくことができた。

　ピアジェが終始，普遍的な同化しようとする「欲動」を仮定していたことは初めから私にとってははっきりしていたが，私がフロイトの欲動とピアジェの論理との間に結びつきを見出したのはマクマレイの新しい見方に触れなければできなかったことである。私の，また，ピアジェの，考察は哲学的にみえ，また，ときにはそうであることは疑いもないが，頑固な心理学者たちにとっては，あまりに哲学的に映るだろう。私も哲学者の返答（マクマレイのものを含め）を得たときには固有の危険性を，適切な科学的観察が理論の正当性を裏づけていない限り，かなり疑っている。生存を脅かすどんな困難に反応する形で，人間という生物は進化したのか。これはまったく正当な科学的問題である。もし，その解答が個人間の関係と協力に始源があるとするマクマレイの仮説と合致するなら，科学的学問としての心理学はもはやこの進化的見通しを無視することはできなくなる。この意味で，本書は実際，心理学の新しい鍵を握っている。

　この新しい音楽に耳を傾けるのに機は熟したと確信している。

ペーパーバック版への序

　フロイトとピアジェの統合を論じた本書がペーパーバック版を1990年に刊行することになり，この統合のもつ意味について，さらに深く読者と考えを分かち合う待望の機会が訪れた。社会と個人を結びつける徹底した構成主義的見解を確立するためには，二つの関連する事柄が拡大され，社会的方向へ向け直されることが必要である。あらゆる精神生活にはその始めからリビドー的な「私の‐ものが‐欲しい」があることを私は提案したが，欲望を満たすという快感が社会的な関係の構成にどのようにかかわるかを説明することが残された。次に，ものについて，面と向かっての個人間の経験という点から述べるのでは不十分である。子ども‐親関係や交友関係はそれ自身，社会活動の関係へ変質させるのに必要とされるものをもたないからである。言い換えれば，ピアジェのごく普通の意味でのもの形成における「もの」とは，まさに「社会的な世界」であるということを今，提案する。それは成長する子どもに及ぶ特定の，そして，具体的で社会的な影響にはお構いなしに，子どものなかには自動的に社会的な関係を構成しようとする傾向があるということである。同様に，子どもの「欲しい」とは精神生活を社会的な形態に基礎づけたいという欲望よりむしろ快感をそれ自体のために追い求めるものである。

　私はこうした考えについて最近の意見のやりとりのなかで今までより詳しく明確に説明した。[1] 統合をなすにはリビドーのなかに論理を，また逆に，論理のなかにリビドーを認めることが必要で，いや不可欠であり，社会と個人をつなぐ弁証法的見方が必要になると思われる。

この目的のためには，個人 - 社会関係を人の生得的にもつ社会性に向かう傾向だとするのは，逆のこと，つまり，個人はすでにそれぞれが社会的に設定されたものだと論じることが同様に原則的で強制的であるようなときには，十分な説明にはならない。カストリアディスは社会の根源として根元的想像性を仮定して，それ自身一般的に認められも，十分定義されもしていない心理的な能力に訴えてではあるが，明確な見解を提出した[(2)]。私はカストリアディスの成果を継続させ，ものと像という心理的構成物と根元的想像性を同一視するが，このとき，すべての心理学者に認められている能力のことを指すのだとして満足していることはできない。それでもやはり，私はこの能力を理解できる形に変えようと，ピアジェとフロイトの理論を適合させた。前者に関しては心的なものと象徴的像の論理的位置づけについて，後者に関してはその構成を動機づけるリビドーの力動性についてである。私のみるところ，リビドー的な「私の - ものが - 欲しい」はすべてのもの思考の基礎にあるものである。

　これに関連して進化はそれ自体，快感原則をほとんど目標として選択していたのではないかという思いに私はとらわれた。そこで，快感原則の機能が実はすべての人間を特質づける，個人間の象徴使用の生活を構成することであり，また，大人では社会化以前の無意識と，部分的に社会化された意識の内にそれが在るのではないかと思いを巡らした。こう考えると，個人間の関係と個人であることとの基礎に快感原則があると言い得る。しかし，私はこうした推測に不安を覚えた。というのは，この考え方では社会を個人間の関係の外に置いてしまい，社会に先立って個人が在ると主張することになりかねないからである。

　こう考えてきた地点で私はカストリアディスの社会の想像的設置についての理論に出会った。根元的想像性というものの意味を懸命に追い求めた結果，私はそれが，実際，ものと象徴を作り出す能力と同じであり，フロイトとピアジェ，つまり，リビドーと論理の出会う場所であることを理解するに至った。しかし，今，「私の - ものが - 欲しい」のものは単に個人的な感情

や個人間の関係ではないことに私は気づいた。否，子どもが欲し，想像するものとはまさに最初の構成のとき（すなわち，私の枠組みでは2歳前後）から人間社会そのものなのである。まったく文字通り，子どものお気に入りの仕事はカストリアディスが社会の想像的設置と呼んだものなのである。子どもはこれを自然発露的に思考，想像，象徴遊びにおいて行なっている。それをするようかりたてられ，「遊びとして」するのである。賛同的評価を得るために大変重要なこととして，この活動が少なくとも部分的には子どもの自然発生的な遊びと言語化にみられるということがある。

　4歳から6歳までの間の任意の子ども二人がままごとをしているのを見れば，社会的活動のさまざまな役割，規範，価値，イデオロギーがそこに映っていることを見逃す人はいない。その中身は無論，子どもの住む特定の文化から取られており，必ずや，或る子どもたちは過去に経験した個人的な情動を担った出来事を再び演じているのである。しかし，まねをされた中身はたいへんさまざまな状況に至ろうとも，私が想像上のミクロ‐社会と呼ぶものの一般的な形に同化されている。私たち見る者にとっては面白いが，子どものほうは自分の生活がそれにかかっているかのように，いや，実際そうなのだが，恐ろしく真剣なのである。

　子どものままごとと空想を社会の設立を構成し，リビドーからそれに結びつこうとする初めの試みとみなすことが妥当であるとするなら，実際，この活動はごく基本的な進化的機能をもつと，すなわち，人間社会の形成を可能にするように認識的，情動的双方の心理的枠組みを創り出すと，みることができる。これは子どもの遊びは「大部分は所与の文化内で活動するのに必要な技能を身につけるための練習」であるという一般的見方とは違うものである。たとえば，飛行機遊びなどがどういう意味で男の子にとって飛ぶという技術的または社会的技能を身につける準備となるのかは想像しにくいことだ。私の主張はまた生来的想念という仮定ともまったくちがう。逆に，これらの「子ども特有の」考え方は個々人の成長途上で子ども自身によって構成されねばならないと考える。その中身は前述したように，もちろん，身近な

文化から取られるが，子ども自身が選択し，その文化的要素に意味づけと価値づけをするのである。では，この新たな意味と価値を与える心理的能力はどんな名前をもつのか。これこそが子どもが2歳前後で発達させるものと象徴を創り出す能力なのである。

こうした見通しをもつと，人間のリビドーとそれに発する快感原則の特異性は進化的意味をもつということになる。今のところ，欲望の対象を創り出すこの生得的な欲動の生物学的機能は社会的な世界を設けることと明言してよいだろう。換言すれば，人間の進化は人間が発達的に社会の設立を準備することができるように，ものと象徴を創り出す能力を選択したと言えるのであり，このとき，同時に，人間が人間となる準備がなされたということである。

注

(1) Furth, H. G. 1989. Reply. *Human Development*, 32 : 6. 本序文の後続部分はこの返答から取ったものである。

〔訳者注〕 実際には *Human Development* 誌の1990年刊，第33巻 第2-3号〈合冊〉所載 (pp. 217-219)。本序文の書かれた時期と重なって，1989年刊の第32巻 第6号所載の予定が少し遅れることがわからなかったためと思われる。G. Jahoda の Commentary (pp. 214-216) に続いて，その返答として書かれている。

(2) Castoriadis, C. 1987. *The Imaginary Institution of Society*. Cambridge : MIT Press.

〔訳者注〕 Cornelius Castoriadis (1922-1997) はギリシャ出身で，1945年以降フランスで活躍したマルクス主義の経済学者，哲学者，心理学者。OECDにも所属した。

読者の皆様へ

　本書は，特定の学問の下位分野でさらに詳しく論じられ得るさまざまな題材を扱っているが，いくつかの明確な狙いをもっている。読者が全体的な方向を見失うことのないように，主要な点を次に示しておこう。
　１．まず，ピアジェによるもの知識の理論，特に「行動－の－もの」から「知識－の－もの」への移行時における理論的知識の発達的起源を説明する。もの知識の結果として，象徴的表示が心理的に実現し，また，発達的に理解可能となる。
　２．第二に，私はフロイト理論の中心的主題を正常心理学の部分をなすものとして受け入れ，ピアジェ理論の発達の枠組みのなかでその意味を考える。同時に，どんな象徴－形成，また，知識－形成（最も「客観的な」ものであっても）の陰にも，究極的に，「私は－私の－ものが－欲しい」という抗い難い個人的な動機があるということを指摘する。
　３．この統合の結果として，ピアジェの知識の理論が一般的に考えられているのとは違って，根本的に社会的で情動的だということが明らかになる。一方，逆に，フロイトの抑圧，イド，無意識，エロス，死の欲動についての観察は個人の知識の発達が明確に説明される歴史として神秘性が薄らいでくる。
　４．第四に，私は認識論上のいくつかの難問に真正面から向き合い，可能な解決策をいろいろ考える。フロイトに関しては，人間性を発現させる独自の特性をもつものとして，幼年期の性的特質に焦点を当てた。ピアジェに関しては，偶発的な進化の歴史と論理的に必然性のある客観的知識との間にあ

るように見える矛盾を解消することを試みる。

　最終的に本書は知識と情動との間にある，また，精神的な操作と個人間の協力との間にある致命的な裂け目を，論理（知識）と性的特質（欲望）とのこみ入った相互作用を人間の象徴形成のごく初期の発達段階から示すことによって埋めていくための見取り図である。

目　次

序　文　i
ペーパーバック版への序　iii
読者の皆様へ　vii

第1章　象徴：フロイトとピアジェの出会うところ―――1
　　　　　もの知識　6
　　　　　象徴のさまざまな形態　8
　　　　　フロイトとピアジェ　12
第2章　象徴的世界の形成―――17
　　　　　もの-形成　24
　　　　　象徴-形成　35
第3章　無意識世界の形成―――45
　　　　　夢-形成　47
　　　　　無意識　54
　　　　　原抑圧　63
第4章　象徴を介して拘束されるリビドー―――71
　　　　　知識と情動の根底にある二つの基本的欲動　73
　　　　　欲動の投入としての知識　87

幕あいでの予備的要約―――99

第5章　象徴：人間化への鍵―――107
　　　　　個人的関係に適応した人間心理　110
　　　　　幼児期と人間化　120

第6章　象徴，生物学，および論理的必然性―――127
　　　　　象徴的行動の調整　130
　　　　　進化と知識　143
　　　　　論理的必然性の起源　148

第7章　論理と欲望―――161
　　　　　論理：象徴的思考の道徳律　163
　　　　　論理としての知識 対 欲望としての知識　171

参考文献　183
訳者あとがき　187
索　引　191

第1章
象徴：フロイトとピアジェの出会うところ

「欲望は対象が在るときのみ生じる。対象は欲望が在るときのみ存在する。欲望と対象は双子であり，どちらかが一方よりほんの少しでも先に誕生するということはない」。

キルケゴールのこのことばは近代実存主義哲学により取り上げられ，多数の同時代人の心を深く揺さぶった。それでも，この人たちにとって，知識の対象と欲望の対象は一つのコインの裏表以外の何ものでもない。情動と知性は一般に，私たちの個人的生活と社会的秩序のどちらにおいても，別々の心理的働きとみられている。事実，この二つはたがいに対立して作用する，相反する力としばしばみなされている。「疎外」は近代人の存在の状況を表すのに好んで使われることばである。一つ－であるのではないという，この混成的な状態の絵図に力を貸しているものが何であろうと，その，より基本的な構成要素の一つは，まぎれもなく，欲望と知識の間にある，あの裂け目なのだ。

では，キルケゴールの評言から私たちは何を作り上げることになるのか。このことばが人を引きつける源は何なのか。それ自体落ち着かせられることのない情動により生まれた，達成できない心理的統一体という，おろかな夢にすぎないのか。それとも，この全体性とはある聖人や芸術家によってまれに見出される観念的で稀少な現象であり，選ばれた一握りの人たちだけがも

つ特権であって，普通の人の生得権ではないというのだろうか。

　フロイトは芸術にはたいへん敬意を払い，組織化された宗教にはほとんど一瞥もくれなかったが，この結合と調和の経験を指してためらわずに幻想と言った。芸術の場合は建設的で治療効果のある幻想，宗教の場合は情動的未成熟さによる幻想だとした。彼はどちらの場合においても心理的要因が作用しており，これは個人のかかわった無意識の心理に深く埋もれていて，最も初期の情動生活に結びついた力であると考えた。フロイトが無意識と，その情動的派生物とに純然たる対照をなすものとして位置づけたのは，意識的な知性，および，その最も顕著な達成と彼がみなしたもの，すなわち，近代西洋科学であった。科学的思考と情動的生活とは明白に分離されていた。

　それだけでなく，フロイトは知性と情動との間をどんなにゆるやかにでもつなぐものを想像することはなかった。彼は自我とイドとの，あるいは，後に発表したように，性的欲動と死の欲動との，生涯続く闘いに注目した。それにもかかわらず，建設的な知性は結局は無意識のイドという御しがたい無秩序を手なずけるのに成功するだろう，という慎重な楽観論と予想まで表明しているのである。「知性の首位はたしかに遠い，はるかに遠いところにまで伸びている。が，おそらく無限の未来にまで遠くへではない」(Freud, 1927, 14：377)。どうやらフロイトの理論上の見通しは情動という無意識の欲望と知性という意識的な知識とが存在をかけて葛藤しているという二元論のなかに閉じ込められているようだ。この葛藤に対する彼の希望的な解決案でさえ，自我とイドの競争関係を変えることはない。つまり，知性が優勢になることで達成されるのは，建設的な結合ではなく，事情次第で変わる不安定な共存である。

　フロイトとほぼ同じくらいの世界的な名声を得た心理学者がほかにもう一人いる。フロイトの心理学がもっぱら情動に焦点を当てているのに対し，ピアジェのそれは知性を中心としている。が，ピアジェの人気はどう説明すべきであろうか。知性の本性というものは教育を受けた人一般には特別強い関心はもたれない。事実，ピアジェ理論が多くの人の心をひきつけるのは，

ダーウィン理論が種の歴史的進化の説明であるのと同じ生物学的意味において，第一に発達の理論であると正しく見られているからである。だが，発達とは解放と独立した自己という，私たちの感覚に訴えるたいへん近代的な観念である。ピアジェは発達するものは，たまたま知性であると，または，より精確に言えば，後にもっと詳しくみるように，知性の一般的な論理構造であると主張する。

　フロイト理論は人間行動の，意識されず統制されることの少ない要素を理解しようとする人びとの関心に応えているが，発達と情動の結びつきはこれを理解するうえの主要な要素である。ピアジェ理論が発達と知識とを結びつけているがゆえにたくさんの人をひきつけているのにも似たところがある。だが，各理論を効果的に理解するのに欠けているものは知識と情動を直接結びつける全体像である。この双方が分離しているのは個人的経験においてであれ，明確な，または科学的な説明においてであれ，不健全な状態である。これは心理の科学の可能なはずの結合と建設的役割という観点からみると，とりわけ不満な点である。フロイトとピアジェという最も広く知られた二人の心理学者がごく表面的な点でしか接触していないということは不面目なことだと，少なくとも私には思われる。彼らは，事実，同じ人間というものを対象にしているではないか。どちらにせよ，両者は今のところ，知識と欲望というこの有害な区分けを認めているものと解釈されている。

　しかし，これはピアジェの立場を正しく評価することになるのだろうか。彼の知識の理論と情動という心理的現実との間に有機的な結びつきは本当にないのか。ピアジェは73歳のとき，或るフランスのテレビの連続番組でインタビューを受けた（Bringuier, 1980）。そこで，幼児とその知性の発達だけに興味をもち，感情面にもたないということはあり得るのか，それらは分けられるものなのか，と尋ねられた。ピアジェの答は次のようなものだった。

　「明らかに，知性が働くには感情的な力が原動力となるに違いありません。ある問題に人が興味をひかなければその人はそれを決して解こうとはし

ないでしょう。何に対しても起動力は興味，感情的な動機次第です。……が，たとえば，少年が二人いて算数の勉強をするとしましょう。一人はそれが好きで，急速に進歩します。もう一人は……苦手と感じ，数学が不得手な人がもつ典型的なコンプレックスをすべてもっています。初めの子はより速く学び，もう一人はそれより時間がかかる。が，双方にとって2＋2は4です。情動性は習得される構造を決して変容させることはありません。もし，当面の問題が構造を構成することにあるとするなら，情動性は無論，動機づけとして不可欠なものですが，それが構造を説き明かすことはありません」。

聞き手は驚きをあらわにして言った。「とにかく，情動性は構造のレベルには現れないですって！　個人とは統一体でしょう」。これに対し，ピアジェは次のように答えた。

「そうですが，感情の研究では，構造というものがみつかるとき，それは知識の構造なのです。たとえば相互的な愛情の感覚には理解の要素と知覚の要素とがあります。これはすべて認識に関するものです。私たちの行動には行動の構造と行動を動機づける力とがあり，この点にはすべての学者が同意するでしょう。一方に動機づけがあり，もう一方に［構造の］しくみがあるわけです」。

「で，あなたはしくみに関心をおもちなわけですね」。

「その通りです」。

「でも，もし，おっしゃる通りに，あらゆる人が構造に順応して行動するとしたら，個性や各人の独自の質という視点を失うことになりませんか」。

「私が調節についてお話ししたことをお忘れですね。構造にはたいへんさまざまなものがあります。そして，同じ構造が別々の個人にみられます」。

「あらゆる人が固有の調節の様式をもっているのですか？」

「もちろんです。調節は限りない分化をとげています。同じ構造というのはとても一般的です。数が誰にとっても同じものであり，すべての数の連続が誰にとっても同じだということと，数学者が一人ずつ見れば個人とし

第1章　象徴：フロイトとピアジェの出会うところ

て独自的だということは両立します。構造はこのように多様化されています……」。

　ここで，聞き手は個人を「調節」に還元することに意味があるかどうか迷って，しばし質問をやめた。似たような疑念は機会あるごとにさまざまな書き手により表明されてきた。このことはなぜピアジェ理論がまちがって理解され，まちがって使われやすいかを部分的に説き明かしている（上記の質問に，ピアジェは「自分がどう理解されているかを知るときまったく惨たんたる思いをする」と短く語った）。だが，一つの特定の理論や，一人の創造的な学者の受け入れや拒絶をどう処置するかということの現実の損害はわずかなものだろう。ここで実際に考えるに値することは，個人とは何かについての，また，その個人の心理的可能性についての，社会の一般的な見解である。このことはたしかに心理科学および社会科学の主たる関心事であり，また，そうあるべきだが，これらの科学だけのものではない。これらの観念は学者の関心事に限られてはいない。人は皆，自分の内に個人，知識，情動，人間発達，について，暗黙の見解をもっている。どんな間接的な方法によってであろうと，これらの見解は私たちの日常生活の一部であり，大小の時空の広がりのなかで，多種多様な個人間の関係に影響を与えている。

　ピアジェの意見はこうである。「感情の研究において構造がみつかるとき，それは知識の構造である」。そして，「同じ構造が，限りない分化を生じ，……独自の調節の様式をもつさまざまな個人を作り出す」。すべての知識の形の背後に在る，個人の調節を動機づける基盤とピアジェが呼ぶものの正体を見極めるために，ピアジェの発達理論を探求することには何とも意欲をそそられる。そして，フロイトのリビドーやエロスの欲動よりもっと基本的な動機づけの力はどこにみつけることができるだろうか。リビドーは「欲望」を表すラテン語だが，特に性的欲望の意味をもつ。その一般的な意味は平易である。キルケゴールの双子の片割れである「対象／もの」には同じことが言えない。この術語について予備的な解明をすることが本論を進めていくうえで必要になる。

もの知識

　この目的のために，あらゆる成人心理学に基本的で広くゆきわたっている一般的な認識能力について読者と考えてみたい。それは私たちの身体的活動を取り巻く重力や空気と同じように，私たちの精神活動の多くの部分を占めるものである。私は今，昔の哲学者たちがものと呼びならわしたものを形成する能力，および，人間心理にとっての重大な心理的結論について言及しようとしている。ものは今やかなり違う意味をもつようになったので，今述べたことに対して，自分たちがずっとしゃべってきたのは散文だ（韻文に対する）と知って困惑したヨーロッパの農民と同じようにあなたが反応してももっともなことだ。私たちの考え方では，私たちはものを形成するということはなく，それを認識したり観察したりし，ことばを使ってそれに名を付け，概念としてそれを取り扱うことができる。ものの存在に関しては，その，そこに在る物体や事実として，当然のことと考えがちであり，決して自分たちが形成するものとしてはとらえていない。

　それでは，なぜ，私はものという語のもつ古い哲学的含意を復活させ，しかもフロイトとピアジェの心理学に取りかかる際に全体をまとめる鍵となるものとして紹介しようなどとするのか。ものの意味が実は19世紀の間にたいへん急激に変わってしまい，そのもとの意味を表すのにすぐに役立つ語は英語には実際ないほどだということはよく知られている。別の理由はフロイトとピアジェは二人ともヨーロッパ大陸の伝統を引き継いでおり，ためらうことなく，現在の英語的使い方よりずっと哲学上の過去の用法に近い意味でものという概念を使ったということである。二人はたしかに，力点を置くところは違っていた。一方は，二人の別々の人間の間の情動的‐リビドー的愛着を強調した。他方は，分離した「知識‐の‐もの」と向き合って個人が認識を構成することに力を入れた。が，この相違は，彼らがものという語をご

く基本的なところで似たように理解していたことを考え合わせると，小さなものと言えよう。この点について，二人はともにものの形成について語り，人はものを確立するに際し，能動的に事をなし，この行為には個人的で発達的な歴史があると強調した。双方の学者にとってものは，愛着のものであろうと知識のものであろうと，そのものを作り上げる行為者の側における個人的関係を当然のこととして含むということは言っておかねばなるまい。

このものを形成する能力というものがこれまでの段落で進み出てきたが，これはピアジェとフロイトのこの語の使い方と密接に関係している。個人の構成の所産としてのものは物体としてのものとは基本的に異なった観念である。これの理論的位置を理解することが難しいのは一つに，おそらく，先に触れた意味の変化のせいである。その極端な形においては，知られたもの‐としての‐もの，つまり，もの知識と，事物‐としての‐もの，つまり，事実という対照をなす。

だが，私のここでの狙いは，そこにある程度巻き込まれざるを得ないにしても，知識と知識の要求するものについて哲学的論争をすることではない。それは後の章で行なうことにする。実はこうした見解を紹介する目的は発達の感覚運動段階に関してピアジェがしたことだが，知識と行動とが緊密に結びついているという見通しを主張することにある。この段階では知識は行動と別にあるものではなく，行動のなかに含まれた要素としてある。そのため，行動知識はあるが，もの知識はまだない。そこで，ピアジェは幼児が2歳までの間にどのようにもの知識を身につけるかをつぶさに研究した。こうして彼は知識についての哲学的思索を経験的研究へと転じさせた。ものという概念はその観察し得る獲得と，続いて起こる拡大とを知識の発達についての総合的な理論のなかで心理的に記述することが定着させられるに至った。

ピアジェの独創性は，幼児の感覚運動知識と成人や科学者の客観的知識とが発達上の継続関係にあるということを示したことにかなりの部分があると私は思う。2歳頃に始まるこの発達の道程でもの知識とその心理的反響とは

決定的役割を演じる。ピアジェの経験的手続きにより，統制された体系的な方式で，大人の「客観的」知識にやがてはなるものの始まりの部分が観察されるのだが，この手続きの直接的結果として彼の知識の理論は抽象的な哲学的理論とは違ったやり方で，生物学的で人間的な状況に結びつけられる。

それではいったい，2歳頃から始まるとピアジェの言う，このもの知識とは何であろうか。彼はこれを行動‐分化された知識と定義した。わかりやすい定義ではないが，次章で検討していくことにしよう。ここでは，もの知識とは私たちがそれを通して，不在の事象を精神的に現前させることのできる，或る種の知識を指すとだけ言っておこう。当面，大事なのはものを形成する能力が，発達上獲得するものであり，在って当然と言えるものではないということを把握することである。

だが，この，ものの概念は今日の読者に身近なものではない。何か日常のことばでほかに有意義な語はないだろうか。ものの哲学的内包が経験的な知識発達の理論に組み込まれ得るという点で人が感服するような語はないだろうか。私は先に，もの形成は幼児の心理に決定的な諸変化を引き起こすと述べた。この変化を或る共通の語で叙述し，そして，その語をものを形成する能力を指すのに適当な代用語として使うということはできない相談なのか。このことこそ，選択可能なさまざまな語を今みつけること以外に，私がしようとしていることである。ものの哲学的概念の場合には他のたった一つのことばも私にはみつからなかったわけだが。

象徴のさまざまな形態

次章でその理由の詳細ははっきり説明されるが，私はここで，象徴，象徴的，象徴化するという語の使われ方にはもの知識とその結果に暗に含まれているものがさし示されているということを主張する。あいにく，象徴という語は人それぞれ異なった意味で使っている。が，こうしたことはどんな語に

もあり得ることだ。目下，読者にとって大事なことは象徴の意味をあいまいな，あるいは，隠された意味をもつもの（これがフロイトのこの語の使い方だが）だけに限定しないことだ。とは言っても，今しばらくは，直接の行動の存在を超えた意味をもつ心理的状況を表すことにしよう。あなたが今いすに座っていることそれ自体は，象徴的な行動ではなくて，現存する非象徴的行動である。だが，それについて話すこと，それに関する心像，しぐさ，絵，幻想や夢などはすべてさまざまな象徴の形態に含まれることになる。

　この例では，各種の状況が挙げられたが，このすべてに共通して，さまざまな形の象徴的行為がみられる。すべて，私たちがそれに対応するわかりやすい英語の語彙をみつけ出そうとしている，この基本的なもの関連の能力と関係がある。像，作像，想像，想像するなどの語が脳裏に浮かぶ。これらの不都合な点は目に見える像とつながっているところであり，そのため，見えるものを知覚するという意味が含まれてしまう。知識については絵，そこにないものの内的模写，という見地から考えるという，ほとんど抵抗し難い傾向がある。この傾向には断じて闘っていく必要がある。生まれつきまったく目の見えない子どもでも明らかに視覚方式によらず，完全に知覚し，想像し得るという例を知ることで，これに抗する確かな道が開かれる。

　「再び‐存在する」つまり，もとの事柄がすでにないなかで，再び存在させるという，特に再構成の様相を強調するためにそれがハイフンでつながれるような場合には，もう一つの語，リプリゼンテーション（表象）がある。不都合なのは，この語がものと同じように哲学者により考え出された専門用語であり，たとえば「特異な」象徴を意味するノン‐リプリゼンタティブ（非代表的）に対立するものとして，「型にはまった」を意味するリプリゼンタティブ（典型的な）のように，象徴の種類を区別するために特殊な意味でよく使われる点である。一方で，今や，表象をごく広い意味で解釈することもまたかなり普通のことになり，そのため，あらゆる形の内的知識（内的でない知識というのは意味をなさないから，あらゆる形の知識を実際には意味している）とまったく同義になってくる。

ほかにも空想とか言語のように，もの知識に代わることばがいくつか考えられる。空想というのは，今の目的からみると必ずしも不適当ではない。特に，発達的見地においては，子どものもの知識は象徴的な遊びと内的空想のなかにきわめて急速に，かつ，目立つ形で現れるからである。が，もっと全体的な意味としては，この語は外的で，また，論理的，社会的に統制されたものを含めた各種の象徴行為を表すのにうってつけかと言えば，内的，非客観的で統制されていない特質とあまりにも密着している。内的言語という形における言語という語も同様に，候補の一つとして適当であろう。この語は幸い社会的な意味を含み，また具合よく個人間の要素ももつ。しかし，使い方によっては知識と言語との間に重大な概念上の混乱を引き起こすこともあろう。それ以上に，社会的言語の現象は特定の知識機能とつなげることなく，それ自体で研究されるべきであろう。

　それゆえ，象徴的知識というのが，ピアジェ理論でもの知識と呼ぶものと本来的に結びついている一般的な心理的能力を理解しやすく，いや，最も理解し得るように，表現したもののようである。人はすべて，他のどこに住もうと，象徴的世界に住んでいるという事実はこの象徴的能力によるものである。実際，象徴はもの知識の最も直接的な結果であり，本書は子ども時代に発達する象徴的生活に多くのページをさくことになろう。もし，こういうことなら，ものという難しい概念を使わずに，始めからなぜ象徴に焦点を合わせなかったのかと人は尋ねるだろう。それは，本書の一つの大きな狙いがまさに象徴を形成する能力がいかに起こってくるかを解明することにあるからだ。象徴の起源を説明する企てのなかで，私はピアジェとフロイトの理論を使うつもりである。第一歩として，ピアジェ理論が生後１年間に子どもがこの象徴的力をいかに発達させるかについて経験的説明を提供しているという主張を確証しようと思う。だが，この説明はもの形成の理解と，もの知識に先行する行動知識とにとどまっている。

　象徴の最初の形態は子どもでは身ぶりのまねと何かのふりをする，ごっこ遊びに見出される。この結びつきにおいては，ものの形成に関して切実な概

念上の困難はない。子どもが遊びのなかで象徴を構成することは比較的簡単にみてとれる。もっとも，このとき，象徴的行為の大部分が目下の行動をはるかに超える動機を必要とするという注目すべき観察がなされ得る。人がいすに座ろうとするとき，家具の一つをそれと認知することは目下の行動に含まれているもの以外の動機を必要としない。なぜ人がそれをいすと知覚するかについて説明は不要である。それがいすだからだ。しかし，もし，このいすによって，人が私生活と結びついた不愉快な連想をしたり，浜辺のビーチチェアを夢想したり，いすの形のいたずら書きをしたりするなら，なぜという疑問は自然に出てくるであろう。象徴的行動のなかには，明らかに，それに対してなぜと問われたときの答が，非象徴的な行動に対して問われたときの答と同様，はっきりわかるものがある。たとえば，食事の仕度ができたときに人を食卓に呼んだり，お金を払ってくれる人に肖像画を描いたりすることには，なぜ空腹時に食事を作ったり，お金のために働いたりするのか説明すればそれ以上に複雑な理由は必要ない。だが，私たちが直接の目的達成の状況を離れて，自由な心的連想や夢やごっこ遊びなどの象徴的行為を考えると，とたんに，象徴生産についてのどんな説明もなぜという疑問に対して答えない限り，完全ではなくなってくる。

　この点で，象徴についての私たちの理解にフロイトのなした貢献は偉大なものである。彼は系統的にそれとは認められない各種の行動（夢，冗談，見当違いの行動など）の根底にある共通の象徴的性質を発見した先覚者だっただけではない。もっと重要なのは，象徴的行為に対する動機となる力として欲動衝動を仮定し，欲動と象徴との間にある動的関係のモデルを作り上げたことだ。そして，フロイトは幼児期に始まる，これらの衝動の個人的歴史を系統化して示したのである。ピアジェが個人による獲得という見地から知識の現在ある状態を説き明かしたのと同じようにである。

フロイトとピアジェ

　こうして，ここがピアジェとフロイトとが出会う地点である。ピアジェが行動と象徴について，その内的組織と論理的結合性について，いかにを説き明かしたのに対し，フロイトはこうした行為と，個人の衝動と欲動の，所帯内での動的な効果的使用との背後にある，なぜを探った。表面的には彼らはまったくかけ離れているようにみえた。ピアジェは論理的普遍性という哲学的前提から出発し，生物の行動と組織とにその無条件の起源を求めた。フロイトは哲学的大局観と意識的な論理を避け，表向き，合理的または非合理的である行動の背後にある「正直な」理由を綿密に調査した。ピアジェは情動的不均衡と主観の多様性とに不安を感じ，一方，フロイトは合理的均衡（「合理化」）を疑わしく思っていた。この対比は，対立でないとしても，次のような，単純化しすぎた紋切り型表現によって誇張されている。すなわち，フロイトにとってすべてのものは御しにくい性的欲動に結局は結びついており，ピアジェにとってはすべての行動は最も原始的な生物学的レベルから人間の理性の最高の到達点まで，論理的に構成された言語で形式化され得る，というものである。

　もし，このようなきまり文句が「すべては性である」とか「すべては論理である」という還元主義的意味で理解されるなら，この二人の心理学者の間に共通の場は実際，存在しないことになる。が，こうした解釈のしかたは，彼らの理論を受け入れないと決心した人だけがすることである。現実に，二人の言っていることはほとんど正反対と言っていい。つまり，どんな行為にも暗黙の形で性的欲動の要素があるというものと暗黙の論理的理性の要素が在るというものである。が，どんな人間行動も単にこのどちらか一方ではない（もしくは，ではあり得ない）。

　彼らの研究に共鳴する人からみるとどうだろうか。ここで共鳴とは決して

やみくもに大家に従うのではなく，二人のそれぞれの研究綱領において何が根幹となっているかを捜し求める批判的態度を表す。こうした人たちからみると，二人の学者は多くの共通点をその研究と個人的な習慣との両方にもっている。反対のように見えるにもかかわらず，二人とも自分の理論的主張に関して謙虚であり，自らの見解を進んで批判し，変更し，それを隠さず言明している。彼らは一歩また一歩と系統的に研究を進め，実際の観察から離れることのないように努めた。どちらも心理学という完結した科学を心に描くこともなく，めいめい，包括的な言説や完全な解決を避けるためのお気に入りの口実をもっていた。フロイトはあらゆる行動が（はっきりした限度をもたず）過度に断固とした臨床例に究極の関心を寄せ，ピアジェは（個人の感情的状態や特定の文化に無関係な $4+7=11$ というような）情動や個人差を無視した論理的知識に焦点を当てた。二人とも高度に学問を練磨し続け，毎日休むことなく著作を続けた。彼らの手になる著書・論文はその量もまったく同程度に達した。フロイトは学問的関心に加えて，読みやすい文体で書くみごとな文章家であり，このことが彼の理論を普及するのに貢献したことは疑いもない。あいにく，この点はピアジェには該当しない。が，それでは，認識論的深さと文筆のスタイルを合体させるということはできることなのか。

　さて，では業績そのものはどうだろうか。まず，どちらの学者とも生物学の教育を受け，人間の生に生物学的原理が働いていると，ともに確信していたことは強調されねばなるまい。かつてフロイトは理性が過去の賢人たちによって高く位置づけられすぎたので，自分の仕事は人間の心理が生物的衝動に動かされていることを人びとに気づかせることだと述べた。当初，フロイトはこうした衝動を直接，身体作用に結びつけようとしたが，かなり短い間に，この直接的な生理学的見通しを捨て去った。欲動という概念は保持し，次第にそれを各個人の歴史に影響を受けており，また，影響を与えてきた，心理的所与として扱うようになった。フロイトの欲動（Trieb）という語が「インスティンクト」（本能）と英訳されたのはあいにくなことであった。本

能とは本来，生来の行動の型，たとえば，巣作り，交尾，テリトリー防御などを意味し，行動のなぜよりも行動のいかににより近いと言える。型としては，本能的行動は種を同じくする全個体で，また，その何千世代にもわたって，似通っているのである。一方，欲動というのは生物の行動を引き起こすエネルギーの側面を表すのに適した語である。人間の場合，欲動と行動との関係は，似通った本能的行動が結果として起こるように硬直したものではまったくない。それどころか，フロイトは欲動そのものがどのように変化を受けるか，また，欲動によりエネルギーを与えられて行動となるものは文字通り無限であり，文化および人格の機能として姿を変えるということを明らかにした。

　フロイトがこのようなやり方で生物的欲動を「心理学化」し，それを人間の達成した外面的範囲にまで拡大した一方で，ピアジェはあるやり方で論理の根拠を「生物学的に説明」し，最も原始的な生物組織にその源を探り出した。彼もまた，フロイト同様，形式化された論理的言語でこの有機体を表現しようとするいくつかの試みのなかで，彼の主要な見解を誇張しがちだった。が，結局は，彼の主だった功績および概念は心理学に深く根ざしたものであった。フロイトとピアジェの双方とも，人間行動について独創的で深い解釈をなし得た偉大な観察者だが，それは普通なら不合理だとか，取るに足らぬとみなされる行動のなかに，理由をみつけ出そうとしていくという共通点をもっていたことが少なからぬ原因である。同時代の人びとが夢や精神障害を脳または神経の弱さとみなし，そのまま放置して，そのため神経症ということばが生まれたのに対し，フロイトはその心理的原因を探求した。同じように，哲学者たちは広範囲にわたり，さまざまな形で，人間の知識の独自性を言語と象徴の力に結びつけ，そのまま放置したが，ピアジェはこの力の源流を捜し求め，人間の発達のなかにみつけ出した。このように，まったく異なった方向から，二人の学者は人間の情動の特殊性への鍵と論理的根拠の普遍性への鍵を握るものとして成長段階の子どもに焦点を当てた。

　ここに至って，読者にはピアジェとフロイトが心理学と知識および情動の

発達とを叙述したことで，私たちが子どもを理解するうえでの有意義な貢献をなしたということが，おわかりいただけたであろう。フロイトとピアジェの双方に賛同する学者で，両者の比較を始めた人たちが大勢いる。概して，この比較はフロイトの欲動の発達の諸段階に対して，ピアジェの知識の諸段階を突き合わせるという形をとった。これらの研究はたしかに有用であり，経験的価値をもつ。だが，本書の目標はまったく違うものである。初期に離れ離れになっていた情動と知識とをそのままに放置して外面的に比較することに追随する気は私にはない。狙いは，情動と知識とがもはや別々の心理的部門として分類されてしまうことのないよう，内面的に統合しておくことにある。

　これを達成するために，まず，ピアジェの叙述したもの知識と象徴形成に焦点を当てる（第2章）。この理論的枠組みを使い，フロイトの無意識の象徴形成の原動力についての基本的立場をピアジェの発達のモデル内で解釈し直すつもりである（第3章）。このことから，その主たる概念と核になる研究要目とに基づく二理論のより一般的な統合が可能になるだろう。すなわち，問題となる行為が子どもの象徴的遊びであろうと数学における理論造りであろうと，情動と知識とが結びついた形で扱われ得るという全体像が徐々に展開される（第4章）。情動と知識の発達的取り組みはそこでより大きな生物学的スケールに広がる。人間化についての進化的考察がもの知識と象徴形成とに関係づけられることになる（第5章）。だが，そのとき，もし情動と知識が発達的に結びついているとするなら，社会的に普遍性があって個々人に規準となる，論理的に必然性のあるカテゴリーを得ることはいかにして可能なのか（第6章）。終幕の辞は要約の代わりにピアジェの主張を展開しよう。それは論理とは実に思考の道徳であり，また，結果として，あらゆる人間の知識は，それに向けて進化が人間という動物を選択した状況，すなわち個人間の関係という状況に属しているというものである（第7章）。

第2章
象徴的世界の形成

　本章ではピアジェが自分の3人の子どもの生後1年間の行動を体系的に観察した，初期の研究を検討することにしよう。この研究は『知性の起源』『現実の構成』『象徴形成』の三部作として出版された。このうち，第2作は基本的にものの形成を扱っている。第3作は英訳の書名が，原著の副題の一部をとって『遊び，夢，模倣』となっている。これが内容を的確には反映していないため，英語を母語とする読者はもの‐形成と象徴‐形成という問題に魅力を感じていないようである。だが，知識の形成はピアジェの研究のすべてなのである。ものと象徴という概念は彼が後にまとめ上げた操作と均衡の理論のもとになった要素である。この基盤なしに彼の理論を適切に理解するということはあり得ないことだ。特に，構成と形成という語に注目してほしい。これらはピアジェの研究上の戦略をはっきりと説明している。生得主義（遺伝により与えられる）と環境主義（外的経験から学ぶ）という両極端を排除して，ピアジェは知識の生じる第三の源を探求した。これを彼は新生児の最も未発達な反射運動に始まる，発達する子どもの構成的活動のなかに見出した。

　知識という語には，先に検討した象徴という語と同様に，日常語のもつ，明確に限定されたものからはほど遠い意味がある。学者によってはその使い方を特別な形，すなわち，科学的知識に，あるいは少なくとも，明確化され

た，他人と共有でき，かつ，現実の事象により確認される，理論的知識（「客観的」知識）に限定したいとしている。明らかに，年のいかない子どもたちはこの種の知識をもたないが，健康な大人はすべて，もち合わせている。哲学者たちは成人の客観的知識の本性を探求し，そこから，各種の認識論を打ち出した。ピアジェも同様にこの問題に専念したが，子どもたちを観察して得た知識からヒントを得た。それで，知識というものの本性は何かと問いかける（これはまず第一に哲学的思索に基づく答を不可避的に導く）代わりに，いかに幼児の知識が成人のそれに変化するかという問の解明に向かった。この問は基本的には経験的な観察と統制を必要とするものである。この種の因果‐歴史的大局観は事実，近代西洋科学の出現に力を貸したものである。だから，この点でピアジェは，あがめられ，証明済みである伝統に従ったことになる。

　無論，知識の起源に関する問を考えることには，事実，起源，つまり，新しいものが生まれるもとのようなものがあるという前提がある。生物学者であるピアジェは個体発達と進化的発達における生物の形態変化に通じていた。彼はAという知識状態からBという知識状態への変化を生物学的変態の見地から考えた。一方に新型があり，そのため，AとBとの間に不連続性がある。が，同時にそこには連続性，AとBとの不変性もあるに違いない。でなければ，これは生物学的変態ではなく，形而上学の，観念的な変異であろう。こうした生物学的考えにより，ピアジェは通常の知識の意味合いを幼児にまで，さらには，一般的な生物学的適応の範囲にまで広げた。

　もし適応というものが生物の各々の種に特有の，生物体‐環境統御の総計を意味するとしたら，人間の知識についても同様の方法で考えることはできないだろうか。だが，そこには明らかな相違がみられる。類人種における圧倒的多数の統御は進化のなかで獲得されている。それは誕生時にあらかじめ作られているか，あるいは成長時にごく限定された自由度で厳密に形作られる。だが，人間の知識という統御は誕生時に予め作られていないだけでなく，無限の開放性と創造的新しさを得る元手となる。その結果，相対的に厳

密な，生物体‐環境の結びつきはばらばらに断たれ，知識に関するどんな理論にとっても主要な問題が提出される。人間の知識がそれに対し適用される現実とは固定化された存在ではなく，それが何であろうと（この点については第5章で触れる），人間の知識の開放性と呼応した，不断に，そして，徐々に，変化している世界なのである。

　しかし，本能的な知識と大人の知識という，これほど大きく異なる統御の間に両者をつなぐものはあるのだろうか。次の四つの共通点が挙げられよう。両者は環境に対する行動を統御する。そして，この行動の機能として系統発生（進化）や個体発生（個体の発達）において獲得される。また，環境の圧力に対する受け身の反作用以上のものを含み，それゆえ，同化と調節の相補的な一連の作用である。最後に，これらの統御は論理的‐数学的性質をもっており，論理的‐数学的なことばで的確に表される。この最後の共通点はピアジェの独創的な業績であり，この点を根拠として，彼はためらわずに最も未発達な生物にさえ或る種の知識があるとした。

　生命のあるところにならどこにでも論理がある，というのがピアジェの知識についての基本的な立場だということができよう。逆もまた真なりである。論理はすべて本来，生命，行動，同化と関わりをもつ。さらに，この立場は人間の知識について真剣に考察する人の誰もが直面するいくつかの問題から抜け出る道を示している。その問題の一つは，普通の意味での知識——意識的にはっきりしている論理的知識——と，知識の隠れた暗黙の形というような，他の文脈での知識との間の関係である。もう一つの問題は知識が，それ自身の本性として，はじめから境界を定められている存在ではないということである。知識はもちろん，現実的なものだが，しかし，物理的なものではない。そこには，生物自体のなかでというより，環境に対する生物体の行動と関係した心理的‐生物的現実がある。それは行為者と行為の対象との間にある能動的な（すなわち，生きた）関係であり，知る人（主体）と知識の対象とを結びつけるものである。しかし，ピアジェが主張するのは，特定の生物体と特定の状況が何であろうと，この関係には論理的構造があるとい

うことである。

　この構造的な特性ということがピアジェにとって，もともと哲学的である知識の問題を解く手がかりとなった。そこで，ピアジェはさしあたり人間の知識の発達において連続的なものと不連続なものとについて明確にすることができた。論理的構造それ自体（彼が「論理的機能」と呼んだもの）は，先に述べた四つの共通点の一つなのだが，発達の過程で変わりゆくものは論理的構造の形態である。ピアジェが知ることのさまざまな段階と呼ぶものの間には質的な相違がある。つまり，ピアジェは論理的構造は知識一般と特定の知識の種々の段階との両方から成ると仮定したのである。

　ピアジェの知識という概念の使い方を理解するためには，まず，生物として決定された典型的な行動を考える必要がある。あなたの消化器系統は摂取した食物をどう処理し，化学的な要素にまで消化し，いろいろな生命維持に必要な要素になるまで同化し得るかを「知っている」。この化学的作用はあなたの個人的な成果ではなく，個人としてでなく種としてのあなたに属しているのだということは大したことではない。明らかに，この機能を表す化学式は論理‐数学的な性質をもつ。それでは7歳の女の子が縄跳びをし，縄を頭の上方から体の前方，下，後ろ，上とまわしながら跳んでいるときの行動を観察してみよう。この行動には体の位置と動き，腰を軸として縄をまわりに回転させること，ロープを適した長さで持つこと，タイミング，等々についての幅広い心得が必要である。これらすべての局面は，仮にそれに対する必要性や機会が生じるなら（運動のトレーニングやコンピューターのシミュレーションという目的に対してなど），精確な論理‐数学的言語で表現し得る。どちらの場合にも種々の入力と種々の可能性との時間的空間的調整が観察される。そして，調整には常に，それに合わせて共通の目標へのさまざまな手段を秩序だて，分類し，関係づけをしている，論理‐数学的構造が含まれている。

　この生物学的な見通しに基づいて，ピアジェは行動の一般的な調整であるという限りにおいて知識に，つまり，知識の特定の内容ではなく，知識の一

般的な形に，関心をもった。別の言い方をするなら，組織が生物体に発することを念頭に置きつつ，知識を行動の一般的な組織と定義するのである。ピアジェからみると，人間心理には二つの様相がある。一つは今ここで考察している知識（あるいは認識）であり，もう一つはフロイトの説に関わってくる動的な，もしくは，動機づけにかかわる側面である。それでも，今までに言われてきたことからであっても，この二つを，どのような形にであれ，整然と分類することが不可能なことははっきりしている。ピアジェにしてみればなおさらで，知識の行動への方向づけ，および，統御の自律的な性格に常に力点を置いたのである。

　だが，科学的ないし理論的知識は行動ではなく，それどころか，私たちにとっては行動から離れて在るものだという反論が出るかもしれない。実際，仮に知識が行動と結びついているとしたら，それを初めに来るもの，つまり，行動の前に知識が来ると考えるのが普通だろう。今までみてきた例は行動における知識であった。そのため，これらを知識と呼ぶことは問題になるだろう。この概念上の障害を取り除くにはピアジェの知識の定義に「内的な」とか「可能な」という語を付け加えるとよい。知識とは現在の（「現実の」）あるいは可能な（「内的な」）行動の一般的な調整である，となる。これで，関連するすべての語句が出たことになる。これは生物の消化から感覚運動である縄跳び，さらに理論物理学に至るまでの知識をおおっている。

　理論物理学が近年明らかにしたことによって，私たちの世界の具体的な現実がいかに変わったかを振り返ってみよう。私たちの知識は，たとえ目下の行動から切り離そうと意図して切り離し得たとしても，決して，行動と無関係にはなり得ない。ちょうどよちよち歩きの2歳の子が階段に挑戦しようとするときと同様に，知覚は行動である（第1章で指摘した通り）から，目下の行動と切り離そうとすれば切り離せる。が，ある可能な行動が常にそこには含まれている。階段の上方を見るということは，そこを一段ずつ昇り，上方まで行くことや，あるいは，階段に関係する何かほかのことをすることを含んでいるのである。

人間の知識はあり得る（現在のではなく）行動という様相をとり得るという，まさにこのことのゆえに，この理論的な知識とは何であり，また，いかに到来したのかと問うことはどう考えてもきわめて自然なことに思われる。現実にはこれは実状からはほど遠い。事実，私たちの心理的な能力はそれが生活の習慣的やり方に方向づけられるにつれて，常に私たちの目には単純に，所与の，規範的な，自然なものと映ってきた。私たち自身の主観的な自己や文化や社会的環境，あるいは他の現存する歴史的偶然性とは違う視点をもつことには英雄的な努力が必要である。このことはあまりによく知られており，証拠書類を出す必要もない。ただし，あらゆる主観的見解を乗り越え得るような最終的で絶対的な知識は存在しないということを指摘することを除けばの話である。それは，「偏見のない」知識であり，それに向かって私たちは格闘し得るけれども，これは決して到達はできない，観念的なものである。

　知識の相対性という，この繰り返される問題はひとまずおいて——ピアジェが精力的に正当性を主張している論理‐数学的操作の普遍性ではあるが——，幼児がもつ知識の種類についての謎は，私たちが幼児の行動へ理論的に知ろうとする自己のやり方を投影することを中止さえすれば，解くことができる。他者の観点からこの世界を見ることには，情動的抵抗と限定された観点という，二つの理由が不利に働く。目下の考察では第二の要素だけが関わってくる。

　知識というものが発達した成人の理論的知識に先験的に限定されるとき，幼児に関しては二つの選択しか残されない。幼児は知識をもっていないと仮定されるか，あるいは逆に，知識は生得的なものとみなされるが，幼児においてはその表現が外的環境によって封じ込められているというものである。後者の場合，幼児は知覚，学習，推理，意図，記憶，想像などを成人にみられる現象とほぼ同じ程度にもっていると仮定される。この理論の提唱者たちはピアジェが幼児の知識能力を低く評価しているとよく批判する。どちらの場合も知識についての私たちの理解は大人中心にとどまり，知識をより深く

理解するうえで幼児の研究が役に立つということがない。知識の問題はここでは実際には扱われておらず、せいぜい、成人の知識が或る一定の人口に見出されるかどうかがわかるくらいのものだ。

　これとは対照的に、ピアジェは生物学者として、また、哲学者として、知識の問題を考えた。哲学に通じているために、彼は哲学者が人間の知識に関して提起した数々の重大な問題に敏感であった。その問題とはたとえば、知識の対象は何か、客観的知識とは何か、いかにして論理学と数学は必然的あるいは普遍的たり得て、しかも、個々のもの経験にそんなにしっかりと対応し得るのか、とりわけ、新たな知識は存在し得るのか、それとも、新たな知識とは、ずっと存在していたが、以前に発見されずにいたものの発見にすぎないのかというものである。知識についてのこれらのすべての疑問に対して、成人を中心に置いた哲学的見解以上の答があるとピアジェは確信した。これはもし、それは何であるかという哲学的な質問の形が、それはどのようにしてこうなったかという、観察し得る、経験的な形に変わるなら、できるはずである。

　こうした経験的全体像があって、ピアジェは不変のものの形成を次第に導き出す行動の論理を幼児が当初どのように構成するのかを、体系的なやり方で観察する機会を得た。もの知識とその必然の結果である象徴形成とは本論考を通して私たちをしっかと捕える、三つの記念碑的な結果を順々にもたらした。第一に、それらは世界を目下の行動領域から象徴の可能性がもつ無限の広がりへと変える。第二に、それらは欲求を創り出し、また、必然的な論理と普遍的なカテゴリーとを調整するための必要条件である。第三に、それらは幼児の未分化な依存関係を、私－ではない－他人としてのあなたを認識したことに基づく、個人間の関係に変換する。第二、第三の変換は長い時間を要する。すなわち、よちよち歩きの幼児が心理的に若い大人となる10年から20年の期間である。目下の行動世界から象徴世界へという第一の変換はより直接的な衝撃であり、それは本章から第4章までで中心的に扱うことになる。

もの‐形成

　ピアジェは新生児はものなしの心理的現実のなかに生きていると言うが、それは精確には何を意味しているのであろうか。彼らは私たち大人がしているようには世界に対していないと彼は主張する。私たちは自分たちが空間、時間、因果律をもつ、安定した次元の世界に住んでいることを意識している。また、相対的に不変のものの総体としての世界を知っており、私たち自身、その一部であるということも知っている。ピアジェはこの種のもの意識を、調査されねばならぬ漸進的な知識発達の最終地点であると考えた。ここにピアジェの首尾一貫した研究戦略が指摘できる。彼は特定の知識形態、すなわち、大人の理論的知識に普遍的にある、もの知識に注目する。そして、それを所与のものとして受け入れるのではなく、生物学者としての問を投げかける。その機能は何か。それはどのようにしてできあがるのか、と。知識の本性に関する哲学的問についての真剣な探求をしなかったなら、ピアジェがもの知識の相対的位置について研究する気には決してならなかったことは明らかである。これら二つ、生物学および哲学の理論的全体像は予備段階として必要なものであったが、三つ目に経験的要素が加えられなければならなかった。難しい哲学的概念以外に何もないものをどのように観察し得るのか。そのうえ、言葉を自在に駆使する力ももたない幼児に関して何ができるというのか。この第三の要素はおそらくピアジェのきわめて注目すべき才能であり、彼の創造性をたいへんはっきりと示している。

　知識のものとは実際恐ろしく理論的な概念であり、読者はピアジェの著作で抽象的な定義と考察を読んでも、何も得るところがないだろう。ピアジェはこれらについて触れることをもっともな理由があって避けた。彼は知識の発達について経験的研究を進める際、哲学的洞察は行なっているものの、哲学的思弁に終始することは望まなかった。フロイトもまたものという概念を

使ったが，ピアジェ同様，理論的概念についての時期尚早で長たらしい抽象的考察は避けた。ピアジェと同じく，これらの概念を心理的現実を理解するための探求に使ったが，目的と手段とをさかさまにすることはなかった。この態度により，二人の学者は偉大な心理学者となった。ものという純粋に抽象的な概念の場合には，ピアジェは「不変のもの」あるいはさらに精確に「行動の不変のもの」について語った。この単純な言い換えのために，難解な哲学的概念は幼児の行動に関心をもつ誰にでも観察しやすいものとなった。一言で言えば，不変のものとは，いないいないばあや隠れんぼのゲームの，見えなくなると忘れ去るという状況の，決め手となる要素である。

　知識を直接見るということは誰にもできないが，行動は見ることができる。あらゆる行動は環境の入力と生物の能力との調整の結果だが，この調整こそが行動の根底にある知識なのである。ピアジェには自分の子どもたちの初期の行動を観察していくにつれ，乳を吸ったり，物をつかんだりする初期の反射行動に決してものを能動的に調整することが含まれてはいないということがはっきりしてきた。ものは受身的に存在し，単に反射行動を活発化しているにすぎなかった。ものが行動を引き起こすにしても，幼児はそのものに影響を与える形で行動してはいなかった。この差は決定的である。それは物理的接触と心理的接触との間にある差である。このことは意識とは何ら関係をもたず，すべては同化と関係する。

　幼児は最初から能動的な同化の機能に携わっている（これをピアジェは厳密に生得的と言える唯一のものとしている）が，まだここには主体やものはない。ものと主体を含む知識はこの同化の機能の習熟を通し，順次作られてくる。この言明を証拠立てるものは，それが当初は不在であるということ，また，――不在だけではまったく不十分なので――存在する「行動‐の‐もの」を捜し，つきとめる視野が系統的に増大するということである。ものが，目下の行動が欠如したなかで「不変的」になるとき，「行動‐の‐もの」は「知識‐の‐もの」になったと言える。生後の数日間においてさえ，乳首を探り当てること，興味をもった何かへ視点を集中させること，特定のもの

を強くつかむこと，などの発達は劇的なものである。これらは生まれたときには不在だったが，不変のものへと発達し続けるであろう何かの，たやすく観察できる出発点である。

　もの知識とは，それゆえ，幼児の行動から結果として起こる知識達成であり，それは始めは目下の行動のなかで，（それ）に‐働きかける‐べき‐何かに限られている。言い換えれば，もののない世界という当初の状態と不変の，知識‐の‐ものの世界という最終状態との間にあるのは，行動‐の‐ものの世界の習熟である。この達成は一瞬の機能的要求によって動機づけられる。乳首などの位置が変わったとき，それを再びくわえようとする能動的な努力を例に取ってみよう。なくなったもの（吸乳の中断）を取り戻すこの行動は同時に，新たなものを，つまり，同化‐すべき‐ものを構成することである。

　最初の行動‐の‐ものは第１段階に特徴的なものであり，不安定このうえなく，後に２年間続くもの構成の最初の微光にすぎない。にもかかわらず，生物の反射活動という当初の状態に比べると，瞬間的ではかない仕方ではあっても，同化すべきものをもつという新しさが在る。このことは，乳児が乳首に向かってわずかに方向づけされた動きをするようになり，ほんの数秒間，目に入ったものを注視するようになるだろうということであり，それ以上のものではない。もし，そのものがあまりにも遠くに在ったり，あるいは，少しでも気を散らす何かがあれば，行動のものは乳児の心理から消え，再び戻ることはない。明らかに，そのものは独立した（つまり，不変の）存在をもたず，子どもの同化の延長でしかない。

　同化‐の‐ものの始まりと緊密な関係にあるものは知識の補足機能の，さらに萌芽的な形態，つまり，調節である。吸乳行動はつかの間中断されると，それが中断を統御して具体的な状況に適合するための行動にぼんやり気づくきっかけとなる。ちょうど行動の統御から，より高まった同化機能（同化‐すべき‐ものの認知）が現れるように，適合は調節機能を前もって示すものである。だが，この段階で調節について述べるのは，それに合わせて調

節すべきものがそこには必要だから，尚早と言えよう。

　ものは次の第2段階に入って，乳児が反復性の身体行動（手，足，また，顔を動かす，指をしゃぶる）をするようになると，より安定したものになる。これは同化と調節の最初のはっきりした分離である。目に入った何かに興味をもつとそれが運動と結びつく例を取り上げてみよう。見るものは子どもの両手（「自分の手」とはわかっていない）で，運動とは目の前でその手をぐるっと回すというものでよい。これは同化の図式(シェマ)の連絡を示している。つまり，視覚の図式(シェマ)と運動の図式(シェマ)はともに同じものに向かっており，この連絡が行動の世界を確固としたものにしている。乳児は仮にこの運動の最中に頭が傾くことがあっても，目の前の運動を続けるために行動を調節することができる。ちょうど，体勢が変わっても指がしゃぶれるのと同じである。が，この段階ではなお，能動的な探索はみられず，進行中の調節にわずかな適合が加えられたにすぎない。探索が成しとげられないときはまだ「見えなくなると，心から消える」という状態である。

　はっきりした変化として，6カ月前後には，ものを捜すように見えることが起きる。しかし，ピアジェは第3段階においては，視界の興味ある何かを見えなくしている障壁をどかすことよりも，中断された子どもの活動をもとの自由に戻すことのほうがそのものに対する興味を強く示すと指摘する。能動的な探索行動は約3カ月後，第4段階で始まる。さて，ここで初めて，子どもは空間に位置しているものについて何かを知ると仮定して差し支えない。仮に或るものを仕切り幕を2枚使って見えないようにすると，子どもは1枚目の幕の後ろにそれをみつけ出せなくてもあきらめず，もう1枚の幕を取り除こうとする。これは能動的な探索の証拠であるが，この段階においてさえ，ものはまだ行動と密接に結びついており，はっきりと独立した存在をもっていないことがわかるだろう。

　今述べた実験はその子が仕切り幕Aの後ろにものをみつけた後でも続けることができる。子どもからそのものが取り上げられ，注意深く子どもが見守るなかで，仕切り幕Bの後ろに隠される。この状況のなかで，子どもは例外

なく幕Aの後ろをまず見る。前にうまくいった行動を繰り返すのである。あたかも，目前の視覚的空間的知覚よりも自分の取った行動‐記憶を信じているかのようだ。彼らが知覚的にまちがった行動を繰り返すことが，これ以外にどのようにして可能だろうか。さて，もしピアジェの仮定するように，ものが同化的行動の一部として当初の未分化な状態から徐々に構成されるのであれば，子どもは行動‐独立としてのものに気づく前に自分自身の行動に気づくということになる。この場合，子どもは首尾よくいった行動を通してものを捜しあてられる段階に到達した。が，一度うまくいくと，子どもは順路を変えることができなくなり，まるでものがその特定の行動によって存在しているかのような反応を示す。

　この実験は，さらに統制された条件下で，何回となく繰り返された。たとえば，ものが隠されているところに注意が向いているのを確かめるために子どもの目をビデオ撮影するなどである。創意に富んだ変形としては，透明なプラスティックのカバーの下にものを隠すということを行なった。それは視覚的には実際，隠されてはおらず，ただ，手でつかめないだけであった。子どもたちはものについての発達のこの段階でどうするか。前とまったく同じようにしたのである。カバーAをはずしてものをつかむのに成功すると，カバーAにまた手を出す。目はもう一度つかみたいものがその下に見えているカバーBにひきつけられたままなのにである。

　こうした観察から，1歳前後の子どもの世界についてどんな推理ができるであろうか。積極的な面としては，彼らが行動‐ものという或る固い結束を獲得したということ，また，通常の環境においてはこのものが行動に対して外的なものとみなされるということである。この達成は知識の図式（シェマ）の漸増的に複合化する相互調整——ピアジェはこれを相互的同化と呼ぶ——によっている。進化的に重要な手‐目の調整はこの年齢に顕著である。視覚と手と体の運動は興味あるものを目で見，手でさわって検討するために，適当な距離で正中線を保つよう，相互に作用し合う。図式の調整は知識の同化的機能に焦点を合わせている。ものを「理解する」とは，図式（シェマ）という，漸増的に複合

化した，論理的かつ階層的に秩序づけられた網状組織に，それを同化させることを意味する。

　今や子どもには行動の一部としての自分の手と，つかむという行動のものとしての別の手との違いがわかる。この例では，子どもはものへの一つの共通の行動のなかでの手の操作，また，体の向け方という視覚の図式(シェマ)を調整する（事物は見方によって違ってみえる）。図式(シェマ)を調整することでものは意味と或る程度の不変の実質をもってくる。図式(シェマ)は同化の道具であり，他の何ものでもないことに注意されたい。同化の図式という語句は実に余分な部分をもっており，他の種類の図式(シェマ)など存在しないのである。

　この段階で同じように大事なのはものの特定の具体的な特徴によって，外に向けられ，次第に強化される，知識の調節機能である。これより早い段階では子どもの関心は自身の行動と感情の状態に制約されているようだった。ものは，そのもの自体としてでなく，子どもの同化的行動の延長として経験されていた。今や，「外側の」世界へ第一歩がはっきり踏まれ，ものそれ自身が関心の的になる。調節するとは，知識の図式(シェマ)を特定の状況へ，もっと精確に言えば，もののもつ何らかの新しさ，思いもかけない魅惑的な抵抗へ，適合させることである。これは人間の，ものの世界への恋の始まりである。調節は手もとにある図式(シェマ)を使い，その内容を豊かにする，興味をかきたてる機会となっていく。これ以前の段階の唯我論とも言うべき，自分しか存在しないという見方と比べて，この行動－ものの世界の構成は本当の革命である。これは意図的な，手段－目的行動においてたいへん劇的に示される。子どもは欲したものを手に入れようと，じゃま物をどかしたり，引っぱったり押したりする。意図的（つまり，能動的）に，行動のものに対して図式(シェマ)を調節することで，次第にものと行動が分離し，やがて世界が外化され客体化されるための必要条件が得られることになる。

　知識の発達に典型的に見られることだが，どんな前進も同時に知識妨害のきっかけとなる。が，このことの補償と，さらなる発達が，ここから引き続いて起こる。初めて，もの知識の初歩的な形を習得した子どもはそのあやふ

やな知識の限界を知る立場にはない。子どもは手の届かないところにある何かをつかむためにじゃまな物をどかすことを知っている。この知識は実践のうえで役に立ち，一度成功すれば，ふつう二度目も成功する。だが，先に述べた物を隠す実験では通常の手順は役に立たず，ものは別の位置に隠されている。子どもは初めの場所にもう一度それをみつけ出そうとするが，これは子どものもの知識の弱さを示すものである。

　私たちにとってはものはすべて物理的な因果関係はもちろんのこと，安定した空間的・時間的な理解の体系とも結びついている。この三つの実践的知識は相互に，また，もの知識とも，緊密に結びついている。子どもにとってはものは独立した時空体系内に存在するのではなく，原則的に特定の行動の結果として経験される。ここに私たちは，後に急速に発達し，幼児期を過ぎても拡大していく，魔法的思考の感覚運動的起源をみることができる。魔法的な思考の基本方式は「私の」行動によって或るもの（出来事）が生じる，というものである。これこそまさに手段‐目的のもの知識をかちとった子どもが不断に経験するものである。世界は子どもにとっては自分の行動に指図されるままのものにみえる。子どもはものが自分の行動の結果であることを学んだ。が，これから先は，それを捨て去らねばならない。もっと精確には，自分の行動の現実的な限界を学ばねばならない。人や事物と接触し続けることで，知識妨害に対する必然的な抵抗ときっかけとがもたらされ，さらなる発達が促進されるだろう。だが，これは外側から押しつけられる受身のものではない。自分自身での能動的な図式（シェマ）の再構成（ピアジェの言う均衡化）だけが子どもを，その行動世界の魔法から解き放つことができる。同様にその後の数年間にはそれが，象徴化を行なう子どもをその象徴世界の魔法から解き放つのである。

　1歳くらいの子どもは親を，見なれた大人や他の見なれない大人という，ときに恐怖や忌避を引き起こさせられることもある人とはっきり違うものとして見るというように，環境内のものの特徴を認知することができる。このことは子どもが，少なくとも類似したものを分化させるという意味で，もの

知識を発達させたということを示すのであろうか。決してそうではない。私たちはことばの使い方に注意深くなければならないし、また、それを分析する必要がある。大人にとって、誰かを認知するとは通常、過去に会ったことのある人に出会ったと気づくことを意味する。さらに、この気づくということはその大人が当の人とかかわってする、当面のどんな行動よりも先に在る。だから、この認知を意識する形態は行動－分離型の知識であり、または、前に使った言い方では、理論的知識である。そのため、心理的には、過去の理論的知識と、また、そのとき手もとにある一般的および特定の知識の大部分と結びついている。

　本章の始めで述べたように、もし記憶認知の他のどんな方法も想い描くことができないなら、これらすべての理論的知識を1歳児が操作するものと仮定することが必要となる。明白に、また、不在状態の像や表象を形成できる大人の経験と一致して、子どももまた、自分の認知する物体の心的な像や表象をもっているはずである。心像は認知を「説明する」因果論上の先行物となる。そこで必然的な推論として、認知の記憶は心像の存在に有利な証拠だということになる。

　この論証の路線は理論的知識を当然、原初的で、生得的なものと仮定している。ピアジェの知識論はこれとは対照的に、生物的行動を原初的とする立場をとり、続いて起こる発達の諸段階で達成されるものとして、理論的知識を説明する。だから、この理論では子どもに、学び、区別し、認知することを可能とさせる内的像が子どもの心に住みついているとする必要がない。これらの偉業はすべて、行動図式（つまり、行動上の実用的知識）の内部で、それらがその本来の仕事である同化において使われているとき、達成される。同化（assimilation）はすべて、環境と生物体との間の相互依存状態や類似性（similarity）を（「類似物－として」["as-similation"]）認知するという、認知の一形態であると言ってよい。もし内的な像が認知の必要条件であるならば、生物学のどの時点に私たちはそれを導き入れるのであろう。雌牛は食べることのできる草の内的像を抱いて歩きまわり、おいしい牧草の

地とそうでない土地とを区別し，認知するのであろうか。同化はいつでも環境 - 生物体間の交換，つまり，環境に変化を起こす生物体の行動，を当然含む。生物のレベルでは環境内のものは，まったく同化する生物体に中心がおかれている。これは人間でも1歳までの子どもの心理ではまったく同じである。母親に満ち足りて笑いかける生後4カ月の女の子は自分の満足の図式(シェマ)に状況を同化させている。これは図式(シェマ)とものとの間の相互一致に対する目下の身体的態度（もしくは感情）である。もし私たちが「認知記憶」ということばを使わなければならないとするなら，主体が認知するのは自分自身の行動であり，その子が母親をものとして知るよりずっと前のものである，ということに私たちは気づく必要がある。

　不変のものとは空間的時間的次元と物理的因果律の体系に封じ込まれた物理的事象についての知識である。ここで言う「不変の」とは主体の行動から独立していることを意味している。私たちは1歳児の行動のものに或る程度の不変性を目撃した。特に注意を引いたのは手段となる行動が不在の（隠された）ものを得るために使われる，手段 - 目的関係においてであった。このころには子どもはよく動きまわり，よちよち歩きを始める。立ち上がり，歩きまわることにより，能動的に空間を探求し，ものを観察するという質的変化が起きた。ものの世界が新たにかちとられ，それは子どもが自分に手のつけられる行動の世界を探索するにつれて，着実に押し広げられる。こうなると，新しく，かつ興味をかきたてる状況が限りなく続き，子どもはそれにあくことがない。

　第5段階に典型的なこうした探索はときにはかなり体系的で，科学的実験の性格を帯びる。物を落とすことがしばらくは小さい子にとって楽しい仕事である。が，初め，興味はその行動にのみ集中し，あたかも，世界に「ボク（ワタシ）はどうやって落とすか知っているよ，落としてドンと音をたてられるんだ」と言っているかのようだ。落ちたものへは注意を払わない。実は子どもはしばしば，一瞬それを捜すかに見えるものの，すぐにそれが見つからなければ，さっさと捜すことをやめてしまう。6カ月ぐらい後に，たとえ

ば1歳2カ月の子でまだ物を落とすのが観察されるが、三つの点で劇的な相違が出てくる。第一に、注意がそのもの、もしくは、行動の結果に向けられる。第二に、たとえものが偶然、目に入る妨害物の後ろか下に転がりこんだとしても、その子はそれをどう取り戻すかを知っている。第三に、以前の「循環反応」におけるように、行動が同じ望み通りの結果をもたらすように当てのないきまりきったやり方で繰り返されるということはない。子どもはときには探求的な組織的なやり方で精を出して行動する。このことはものや落とすという物理的行動、あるいは、他の空間的関係について何かを知ろうという未分化な意図があることを物語る。

　こうした初期の探求において「科学的な」ものが満たすべき三つの規準を次のように指摘することができる。予想を可能にすること、統制と実験作業を可能にすること、体系的な全体の一部であること、が必要だということである。予想というのは、数カ月前に当てもなくまわりを見まわしていたのと比べて、落ちるものの行方をじっと見つめるときに観察される。同様に、何かをつかもうと手を伸ばすとき、それに触れてからだけでなく、触れる前に、そのものの目だつ特徴に合わせて指を調節する。統制と実験作業を証拠づけるのは違った高さからものを落とせば、また、落とすときの押し方の強さが違えば、どこに落ちるか、あるいは、思い通りの結果を得るにはどんな行動をとればいいのかなどという問いかけを世界に向かってしているようにみえる、子どもの行動の体系的変化である。

　最終的に、主体の諸行動に相関する空間的、時間的および因果的関係の連絡が、それが行動中で経験され、調整される限り、不変のものの構成をもたらす（第6段階）。今やはっきりしたはずだが、このものとは一つの物体でも、特定のものでもない。それは行動の世界を知るという質であり、知られたものの世界で案内役をする。よちよち歩きの子どもの組織的で「科学的」な探索に私は言及したが、もの概念（構成される過程での）は行動がそのなかでなされる一般的体系と呼べるだろう。それは個人的な活動を通して精巧化された、いろいろな行動－の－ものの間の関係の総体である。ピアジェは

1歳半前後の子どもが，隠された物体と隠されている最中にさらに場所を変えられた物体とを体系的に捜し求めるなかに，ものの最終的な構成をみてとった。言い換えれば，ここにあったのは，物理的に動かされないかぎり物体は時空間に不変に存在し続けるという，系統立った知識のほかには何の手がかりもない，本当の隠れんぼ遊びだったのだ。

　もの概念を1歳から2歳の子が住んでいる感覚運動的行動の世界の一部と考えることは有益である。それは子どもの目下の行動に不変性，安定性，「客観性」をもたらす，論理的な枠組みである。世界はもはや自己（それが自己であるとは知らない）に世界を同化させることに中心が置かれた，瞬間的な印象の，変わっていく連続ではない。そして，今や子どもは思考のなかでではなく行動のなかで，以下のことを知っている。すなわち，概して行動は結果が予期できるということ。自分の行動の外に存在するもの（物体と人）があり，行動を通してそれとかかわり合ったり，かかわられたりが可能だということ。自分自身および自分の行動がこのものの世界の一部であるということ。もし生理的過程や本能行動の型に例示されているような知識が生物的論理や生物体の知性を示すものなら，1歳半の子どもの感覚運動的知識は行動の論理と知性を証明するものである。ピアジェはこれを感覚運動的知能と名づけた。

　知識の理論の観点からは感覚運動的知識には二つの特徴がある。第一に，それは生得的なものではないということだ。つまり，個々人の経験（発達経験）から直接生まれたものである。第二に，（理論的）思考ではなく，現存する行動であるということ。第一の点は，もし論理的な必然性がないとしても，少なくとも生物的な必然性をもつことになると付け加えておこう。あり得る行動の無制限にある形態は，行動‐の‐ものの無限の多様性に対応しており，生得の知識の論理のなかに存在し得ず，まさに発達的知識の論理を必要とする。第二の点は第一の点から導かれる。行動知識は主体‐ものの関係として行動要素から分離される前に，まず，行動者‐行動‐ものの関係として自らの正しい資格で構成されなければならない。

不変のものの論理の発達は，これはピアジェによりものの保存と名づけられたものだが，一般的に妨害を受けず進むなかで，子どもの行動領域に革命的変化をもたらした。小さな子どもの行動知識は比較的，現実的で上首尾であり，安定しているようにみえる。行動世界の理解をさらに深めないようにはみえない。それどころではない。ピアジェが当然のこととして含むところは，行動の論理は不変のものに達して，ある終結をみるということ，そして，その先の論理的な発達はものへの行動よりも，ものそれ自体の方向に向かうということである。実例を挙げると，2歳の男の子が堤防の上に立っている父親を見ているとしよう。この子は道を選ぶこともなく，あるいは，坂の険しさに対して姿勢を変えることもなく，父親のもとに直行しようとする。言い換えれば，この子は自分のいつもの感覚運動の歩きの図式(シェマ)にその状況を同化させ……そして，転んでしまう。1年後，似たような状況で子どもはためらうことなしに体を斜めにして登る現実的なやり方をしている。この前進はたぶん，別の地形のところで歩き，体のバランスをとることを繰り返した結果であって，行動の一般的な論理において新しい何かを獲得したからではない。まして，坂道の傾斜角についての理論的な知識を獲得したからなどということではさらさらない。

象徴 - 形成

それではいったいどこにもの - 形成の心理的帰結がみつかるのか。今やついに私たちは前章で少し触れた，象徴というきわめて重要な概念のところまで来た。私の提案は次のようなものだ。もの形成は象徴形成を導く必要条件であり，象徴についてのどんな説明ももの概念の理解を含まねばならない，というものである。だが，まず，ものと象徴とは同方向の観念ではなく，同じ現実平面にあるものでもないことを頭に留めておいてほしい。ものは，一般的な概念として，知識の論理的な枠組みと関連し，象徴は，もの知識に

よって可能となった特定の行動の型と関連する。もの知識は主体の行動から知識のもの（そのものが特定の場合にどんなものであろうと）を分離することを当然含む。感覚運動期の間，行動－における－知識が発達し，順当に進むと，この発達は不変のものという形において終結する。行動のものは知識のものになる。この変換とともに知識は行動から切り離されることができ，固有の生命をもつ。それ以後その知識は二つの別の行動型で機能することになる。第一は，行動－としての－知識（行動－における－前知識に対応して）という形においてであり，たとえば隠れんぼの状況での系統立った捜し方のようなものである。第二は，象徴－としての－知識という形においてであり，これは子どもにとってまったく新しい心理的経験である。

　象徴－形成は，そのため，もの－形成の最も劇的な帰結である。2歳くらいの子どもは新たな心理的現実のなかに入りこんでいくことになり，象徴の世界が行動の世界に加えられる。象徴のさまざまな種類については第1章ですでに概観した。ここでは，子どもの心理において真に新たなものは何であるかをはっきりさせるために再度，名だけ挙げておこう。すなわち，本体不在のなかでの模倣，記憶の呼び戻し，ごっこ遊び，交信－における－語り，自身－に対する－語り（内言），空想，内的映像，想像，夢，である。実際，さまざまな行動がみごとにひしめいているが，ピアジェはこれらが共通の心理的起源をもつものであることに最初に気づいた。初め，彼はこれらを象徴の機能をもつものとして注目し，一括した。その後，象徴という意味を限定する必要を感じて，それを記号的機能と名づけた。私は，記号的という語がたいへん専門的な用語で，「象徴」や「象徴化する」に対応する形がないからだというだけでなく，ピアジェが「動機づけされた」象徴と「慣習的な」記号との間につけようとした区別が意外に明確ではないという理由でも象徴的機能と言うべきだと主張した。

　ピアジェは感覚運動の発達という彼の行動理論に特有の表現で象徴－形成を説明する。その源は知ることの同化と調節の両方の機能にある。後で明らかになるいくつかの理由で，彼は最も目につき，また，たやすく観察できる

象徴行動としてのごっこ遊びに焦点を当てた。小さな木片を使って車遊びをする3歳児はそれを手にし，床から，近くの家具の下・上・間と動かす。その間，うなり声を出しており，動きが速くなるにつれ，その声は大きくなる。木片が固い物に当たると「ガチャン」と叫ぶ。ここには明らかな象徴行動がある。この遊びがそのまま象徴であり，この象徴の意味するものは目に見える行動の及ばないところにある。それはどこにみつけられるべきか。容易に考えられるものとして，そのもととなっている本当の車，おそらくはその子の家族が乗る車が挙げられよう。

しかしながら，この考察に基づいて，心理学的および哲学的双方の見地から，もっと精確なことが言えるだろう。この遊びの表そうと意図したものは実際，車だが，それはただ，車が知識-の-ものである限りにおいてのことである。端的に言えば，その遊びが意味するものは物理的物体としての車ではなく，ものとしての車である。このものは何であり，また，どこにあるのか。私たちは答を知っている。車というものはもの-として-知られた-車を意味し，この知識はこの遊んでいる子どもによって構成される。ここで，この子どもは車とは何かをもっとずっと早く知っていたのではないかという疑問が出されるかもしれない。たしかに，私たちの文化で育った1歳の子どもは車の働きについては知っているかもしれない。しかし，それは感覚運動の行動-における-知識であり，車と接触している目下の（もしくはそうありたいという）状態と結びついた知識である。象徴-形成において知識が行動から切り離されている範囲では，感覚運動知識は象徴的機能に適合したものではない。

私はここまで象徴的機能の新しさを強調してきたが，それはまさに，この特別な構成が概して無視されてきた，もしくは，何の説明もなされずに単に当然のこととされてきたからにほかならない。だが，発達上，新しく現れるものは誇張されてこっけいなものとされてはならない。2歳の子どもがある日目ざめて「おお，私は象徴の世界に住んでいる」などと言うことはない。発達にみられる変化はすべて徐々に進むのであって，時間のかかるものだ。

比較的安定した行動世界を作り上げるのに2年近くかかる。6歳くらいの子どもが象徴的世界を適切に認識して、行動の世界とは違うものだとみるようになるにはその2倍の時間がかかるであろう。そして、象徴的現実を統御するのに適当な論理的枠組みを得るにはさらに8年から10年かかる。それゆえ、もの概念が、不変のものの形成が終結して独立が達成されるまで、徐々に作られるのと同様に、象徴的遊戯と象徴的なものは最終的発達の所産の機能を部分的に予知させる兆候を示している。全般的に、ピアジェは同化機能から遊戯行動が、調節的機能から象徴的なものが出ていることを示している。

感覚運動的調節は必ずや模倣の要素を含んでいる。ボールをつかむのは杖をにぎるのとは異なり、顔を注視するのはテーブルを注視するのとは違う。各例において、同化のそれぞれの図式(シェマ)の調節は同化される物体の外郭を「模倣する」。幼児の同化活動（「つかむ」とか「見る」）と連係して、調節的模倣はたとえ幼児が外界と自分自身の行動との境界にまだ気づいていないとしても、「外のそこにある」物体との初めての接触の機会となる。

> 知覚は興味や意味があるということから始まり、後から、動作と結合することを通じて運動の力を得るというのではない。行動の遂行中に現れるからこそ面白く、意味があるのであり、こうして、感覚運動の図式(シェマ)に同化されるのである。それゆえ、最初の与件は知覚でも運動でも、この両者の連合でもなく、知覚されたものの行動の図式(シェマ)への同化である。これは同時に運動の再生産と知覚的認知であり、すなわち、再生産的な、また、認知的な同化である。(1937：17)

ピアジェは続けて、同化が意味づけと動機づけをもたらし、循環的なやり方で行動を繰り返させると述べている。こうした初期の諸段階の間ずっと、調節は決定的に同化に従属している。

同化と調節とのこの関係は幼児が行動のものに積極的に興味をもち出す、第4、第5段階で劇的な変化をみせる。手段‐目的調整と系統的探求を通じ

て，調節はさまざまなものの特殊性に呼応して，どんどん分化を始める。それ以前は関心が同化活動（たとえば，つかむこと）に集中していたのだが，いまや，図式（シェマ）がそれに調節され得るようなさまざまに興味深い物体へと関心は移る。二つの新しさが注目される。一つは，前述の通り，新しさがそれだけで挑戦役を果たし，能動的な補償的応答を求める機会となることである。もう一つは調節的機能（それ自体，行動－ものの否定）が意図的な信号と意図的な模倣の形をもつ積極的な性格をもってくるということである。

　模倣の初期の形は進行中の行動の持続として説明し得る。しかしながら，今や子どもは新しい，あるいは，自分にはなくて他人にのみみられるような行動を模倣することができるのである。このような模倣は視覚の調節から運動の調節へという能動的な方式の転換を必要とする。子どもは口をあけたり舌を突き出したりする一人の人をじっと見る。この二つの状況の系統的な模倣と区別についてはどう説明できるだろうか。無論，試行や強制によって学ぶどんな形態も除いての話である。ピアジェはこう考える。子どもはその－口－を－あけること，また，その－舌を－突き－出すことが単に行動において（子どもはすでにこれを行なっている）だけではなく，視覚の調節においても何を「意味する」のかを知っているのだ，と。これが調節が子どもが目に見えるモデルを目に見えない自分独自の運動に転換することを可能とした積極的な信号のように働くということの「積極的」が意味するものである。しかし，子どもはこの二つの状況をどのように区別するのだろう。ピアジェはここで意図的な信号（彼は「指標」と名づけた）の使用，すなわち，二つの状況において意図せずに作られた別々の音，に注目した。子どもがモデルにおいて，また，自分自身の模倣において，音の違いに気づくようになったすぐ後に，音はまったく除外され，模倣は見ることだけによって首尾よくなされた。ピアジェはここで指標の使用のなかに代理の機能の始まりをみた。つまり，まだ行動に縛られている表象だが，にもかかわらず，3歳児の車遊びにみられたように十分に象徴的な代理の明らかな前兆だと言える。

　もの知識，つまり行動－分化された知識は象徴形成を可能にする。それは

象徴が行動 - 分化されたことを表すものと定義され得るがゆえにだということとは明らかであろう。感覚運動の行動 - 知識にはコミュニケーション，学習された信号，そして，相互感覚的な指標さえも含まれる。しかし，これらはすべて，意味するものとしては未分化である。意味するものとは意味された行動の一部である。だが，象徴においては意味するものとはもはや行動に縛られてはおらず，分離した存在である。積み木とその動きとは決して車 - 行動の一部に入るものではない。この両者間にもし結びつきがあるとするなら，それは現在の - 行動 - 結びつきではなくて，心的な包含の関係である。動く積み木が車 - 行動（意味されるもの）を意味する。ピアジェの用語では車への調節は現存の車の知覚とは切り離されてあり，「積極的な」ものとして代理の機能を果たしている。この種の代理の調節を通して，積み木は車の象徴となる。

　象徴の調節に加えて，積み木への目下の行動の調節も存在する。結局，子どもは積み木をつかんで，動かしているのである。しかし，この目下の調節はまったく第二次的であるため，手軽につかめるものならほかの何でもよいほどなのである。実際，次の段階で示されるように，子どもはまったく代わりの物がなくても，ただ，にぎりこぶしを動かしただけで車遊びをすることができた。さらに，この動きなしですらできるのである。意味するもの - されるものの象徴的な結合と，それに先立つもの - 行動の分離とはコインの裏表としてみられねばならない。この結合と分離とはともに発達において獲得される知識達成であり，主体によりなされた行為である。これらは知られるものと向かい合う，知る主体を確立させる行為である。そうなると，ここに客観的知識への第一歩とともに，思考の始まりがあると言ってよいだろう。

　象徴形成におけるさらに先の段階が暗示だけされたが，読者はやがて気づかれるに違いない。大人ともなればもうふつうは象徴遊びはしない。社会の伝統，慣習，そして特に音声言語の社会的に違った使い方などは別として，私たちの主な象徴は心像や自己の内部での語りの形をとる内的なものである。象徴を内在化する過程は実際，象徴遊びが見られるそのときに始まるの

であり，人間心理にとって決定的であるのは結局この象徴の内在化である。それはどれだけのものを含むのか。まさに一つの世界の構成にほかならず，それは先行する目下の‐行動の世界とは違い，もはや他人の抵抗や物理的な因果律により必然的に拘束されるということはない。積み木を動かしてする車遊びは数々の車や交通という現実の世界の拘束により左右されることはない。しかし，制限はある。が，それは腕の届く距離や家具の存在という類のものだけである。こうした制限を取り除くなら，真に制限のない内的象徴の世界が見出される。同化しつつある「私」というものの欲望以外の何ものにも拘束されることのない世界だ。

　想像によって車遊びをする子どもはその車を空中や水中で運転することができ，また，その他，車に関しては，自分の空想するとおりにどんなことでもすることができる。現実の拘束からのこの遊びによる息抜きをピアジェは「ゆがめた同化」と呼ぶ。それが現実を個人の欲望へ同化しているからである。さらに，象徴の社会化を，象徴形成に始まる期間の主要な知識課題と考えた。この社会化は二つの方向に進む。一つは共有される論理規則の体系の構成（ピアジェの言う「操作」）へ。もう一つは他人の見解を調整する（「共同‐操作」）方向へ。象徴的表現は子どもの目下の現実がどんなものかを明らかにしている。ピアジェはこう述べる。

> 象徴的表現は始めから知性の一位相である同化に由来するため，まずこの同化を自己中心的方向に拡大させる。次いで，表象の構成に向かう象徴の内在化と，概念化に向かう思考の拡張という二重の進行が起こり，象徴的同化は創造的想像という形で思考に再統合される。(1946：163)

　ここで，「内在化」は共有される内的行動の論理操作を，片や，「概念化」はことばのやりとりに含まれる習慣的概念を指す。
　ピアジェが2歳から6歳ぐらいまでの子どもの心理全体をためらうことなく，遊びに満ちた「象徴的表現」と性格づけ，それを知識の同化的機能と結

びつけていることに注目しよう。このことが，ごっこ遊びが象徴機能の最も典型的な形として選ばれたもともとの理由である。同化は手持ちの知識の図式(シェマ)に従って現実を変換させるがゆえに，あらゆる同化には遊びの質と変形させる質との両方がある。ただし，調節の模倣的‐服従的質と均衡を保っている同化に妨害されない限りでのことであるが。

　意味するものとしての象徴的なものの発達上の起源について考察され，調節的機能と関連づけられた。今や象徴的遊戯の源は調節的機能にあるとされる。象徴形成の時期よりずっと前に，幼児は遊戯的同化に携わる。たとえば，行動の楽しみ以外の何の目的ももたずに子どもが偶発的な行動の型を繰り返し，実行する（実行遊び）ときの，初期の機能的で一般化する感覚運動的同化などである。第4段階では状況が違えば目的をもった行動であるものを，楽しい儀式化の形をとってまねごとの行動をするという証拠さえある。たとえば，寝に行くという行動が挙げられる。これは枕がそこに在ったことが誘因となっているが，そのとき，子どもに寝に行くつもりはない。これが象徴的遊びではなくて，ピアジェが主張するように（1946：101, 112），実行遊びと象徴的遊びとの中間に在るのはなぜなのか。理由は二つある。その一は，意味するもの（枕）はまだ意味される行動（眠ること）の一部であるということ。その二は，子どもがそのふりをしているということに気づいていないということである。すなわち，もの‐分離と象徴的結びつけがまだ十分に確立されていないのである。

　数カ月経つと，この同じ子が頭を振り「いや‐いや」と言うことで，そのふりをしていることに気づいた兆候が示される。そこで，たとえその意味するものがまだ行動のふつうの部分であっても，子どもが意図的にふりをするというところに，ものと象徴の構成がみられる。車遊びをする3歳の男の子は車‐行動というものからまったく離れたものを象徴として使うことで一歩先へ進んだ。この子も遊ぶという意図をもち，そのふりをするということに気づいている（この子は遊びと現実の違いに無頓着かもしれないが，それは別の話だ）。心像としての象徴の内在化が起き，象徴は思考の要素として十

分に分離され，それ自身の生命をもつことになる。

　ここに象徴的思考の誕生がある。行動‐分離された，知識‐の‐ものは子どもにとって心理的に現存している（つまり，再び‐現れている）。知識という観点からは象徴の存在は単にそこに在るもの，子どもの誕生時に所与のものとして存在すると考えられるべきものではない。生物学上の発達の枠組みからは，そのような能力が生得的であったり神経学上，存在する物としてあらかじめ作られていたりするようなことはあり得ないということがわかっている。それは心理的に獲得されるものであり，その説明には心理的な歴史が必要となる。ピアジェの研究で大筋が示された，子どもの誕生から3歳頃までの歴史を私たちは追ってきた。内的象徴はあらゆる段階の生物的知識の基本をなす同化と調節という双子の過程の相互作用の所産として述べられている。調節が子どもに象徴的思考に必要な表象的要素をもたらし，同化によって子どもはこれらの要素を使った遊びをするのである。

　ここで第1章を思い起こすと，象徴的行動について私は，目下の行動をはるかに超えた動機を必要とするという性格づけをした。私が究めたいのは象徴と遊びとの心理的結びつきに関してである。なぜ，自然発生の象徴が初めに遊びというやり方で使われるのか。ピアジェは子どもの象徴的表現を導き出す論理的段階を系統的に検討した。彼の遊びの定義は現実を子どもの欲望へと同化させるもの，というのであり，これは遊びの背後にある動機を指し示している。が，動機自体は検討されずにある。本書では以降，子どもの欲望が子どもの象徴的機能と──人間の進化という文脈で──意味深い結びつきをもつという論を弁護することを提唱する。したがって上の問に対しては，こう答えよう。子どもが初めに現実を自分の欲望に同化させるということがなかったら，決して象徴的世界を構成するという難事に行きつくこともなく，また，良かれ悪しかれ，そこからの影響をこうむるということもなかっただろう，と。

第3章
無意識世界の形成

　フロイトは1900年に『夢判断』を出版した。これは，彼の最初の精神分析の成果ではないとしても，精神分析の経験だけに基づいて広範囲な心理学の理論化（「メタ心理学」）を行ない，神経学の装いによる理論的提示の言い抜けをまったく捨て去った最初の著作であることは確かである。執筆の直接の動機は3年前に遡る彼の父親の死である。それにより強い情動の昂進の時期が続き，それを沈静化させるために，フロイトの意志は鍛練されて堅固なものとなった。自身に課したこの仕事を達成するためにフロイトは自分の見た夢を解釈し始めた。この企ては世界初の精神分析療法という成果となった。父親の亡くなったときフロイトは41歳で，この著作が出版されたのは44歳のときであった。人間の精神の奥深くにある暗い葛藤の領域を報告したこの本は，世界大戦前のヨーロッパ知識階級のひとりよがりの楽天主義にさざ波すら立てることはなかった。科学とは迷信と魔術という最後に残った暗い力を追放しようとするものではなかったのか。不可避的な全面的改良への道が大きく開かれたようにみえ，人びとは外部からは物質的進歩，内面からは永久に極致を求めるとされている本能，の双方によって望み通りの方向へと押し動かされた。

　第一次世界大戦の愚かしい大虐殺があって，西洋の楽天主義は終局を迎えた。その傷だらけの経験の余波と必然的な精神の再評価とにフロイトの思索

は時宜を得て，急速に西洋世界に広がった。フロイトとは対照的に，ピアジェ（1896年生まれ。フロイトに遅れること40年）は当時20代であったが，すでに彼の最初の専門分野の著作を出版しており，それらは強い関心を人びとにもたれていた。しかも，精神分析に個人的に接触していた彼は諸分野の厖大な本を読んでいたが，さらに教育分析に関しても時間をさいていた。1922年のベルリンでの精神分析学の会議でピアジェは発表を行なったが，そこにはフロイトも出席していた。ピアジェの狙いは精神分析が抑圧と神経症の領域だと主張する無意識というものが健常な思考と対立するものではなく，また，同化は常に無意識の過程を経たものだ，ということを論証することであった。彼の見解は喜ばしいものとみなされたが，それ以上ではなかった。その頃までに確立された精神分析学の狙いは人間行為の奥深くに在る動機の根源を探り当てることであり，一方，ピアジェが目指す方角は論理的思考の発達の起源を研究するということであり，生産的に対話し合うにはあまりにかけ離れていた。それにもかかわらず，ピアジェは基本的にフロイトの考え方に同調し続け，1946年の著作『象徴形成』では「無意識の」象徴化に一章をさき，象徴形成についての彼独自の理論をフロイト理論に関連づけている。

　そこで，ある意味では私は本書で，60数年前に始まり得たはずの対話を続けることになる。そんなに早い時期では，双方にどれだけその気があっても，二つの見解，つまり経験科学に転じた知識の哲学と情動の精神分析とが力を合わせるということはなかったはずだと私は確信している。心理的，また，歴史的理由がそれに抗して働いた。そういうことは独自の洞察で個別科学を創り出した創設者によってはなされるはずがないのだ。彼らは本物の革新者の誰もと同様に，自分独自の見通しに一つの分けられることのない焦点を必要とした。当時の支配的な知的風土はと言えば，情動，人格，実存というものの地位を認めることには賛同しながら，科学と論理的理性というものは依然としてまったく別物とされていた。科学と論理的理性だけが「客観的」であり，他のものは「主観的」なものの領分に追いやられていた。次の

世界戦争の後で，人間のたいへん進んだ理性が生存を著しく脅かす核兵器保有の状況を創ったが，それを解決はできずにいるということに気づいた今こそ，情動とは別のものとして知識を考えるのではなく，情動の特別の形態として知識をみ，逆もまた同じとみることが可能であろう。この統合した見方を検討する準備として，フロイトの主要な心理学上の主題と私が考えているものを提示することにしよう。先行の章で象徴形成と呼ぶようになったものに関するフロイトの立場の重要な例として，夢の形成からそれを始める。

夢‐形成

　まず初めに，大事なことはフロイトが象徴という語をたいへん厳密な意味で使ったということである。彼にとって象徴とはそれが人の個人的経験を意味してその範囲を超えるものに，間接的，または比喩的にのみ関わっている内的な像である。フロイトはこの像がその象徴的本性に気づいていない多くの人びとに見出されていることを発見した。彼はそれをあたかも遺伝で受け継がれた心理的傾向であるかのように説明したい気がした。このような象徴はしばしば性的幻想と関係しており，その一般性のゆえに個人的連想を探ることなしに説明され得るものだった。（その他の夢は個人的な連想によってのみ説明され得るとフロイトは考えた）。この点においてはフロイトの推理は，通常ユングの「集合的無意識」として受け入れられているものにとても近くなっているようだ。
　しかし，他の点では彼はユングの立場やあまりにも安易に遺伝の図式に頼るものすべてにまったく反対であった。そうではなくて，「事例を観察するという正当な手順に従い，個人の獲得の段階を通じて調査を進める」(1918, 12：156) 立場なのである。これはフロイトが決して独断的ではなく，既成の発達理論がないときに仮説上の生得性を主張しただけだということを明白に示す例だと言えよう。ピアジェは，後にみるように，フロイトの勧告に文

字通り従い，フロイトの象徴とユングのすべての集合的無意識とを個人が獲得するということを提唱した。

　ピアジェの理論のなかで夢の像はどんな心像とも同様に，象徴の範囲内に十分収まっている。それは知覚としては現存しないものを「心理的に現存させる」という形態である。象徴として夢の像はそれ自身を超えたもの，すなわち，その意味を指し示している。その意味を捉えるために，フロイトは夢を見た人が目覚めているときに夢の内容をはっきり憶えているものから話し始めるという，段階的解釈を提唱した。この部分をフロイトは「意識に現れた夢」と呼んだ。これは，しかし，夢自体ではなく，ただ「夢作業」の産物である。フロイトによれば，この夢作業が実は夢そのものなのである。したがって，夢とは，顕在する，「意識的な」夢を作り出す無意識の活動である。夢作業と名づけられたのはそれが特定の内容，つまり「潜在的な夢思考」に働きかけるからである。こちらもまた，夢そのものではなく，夢を見るきっかけなのである。潜在的な思考はそれ自体，前意識的であり，二つの方向を指し示す。一つは前日の意識的な活動，もう一つは眠っている人の夢作業という無意識の活動という方向である。第一の方向では，それはフロイトが昼間の残留物と呼ぶ，十分な感情を伴う意識的な思考に関係し，そのため，睡眠中，外部世界への注意が一般に弱められるにもかかわらず，眠る人の意識を占領しようとする。フロイトの言うには，昼間の残留物がこの仕事を遂行させるのであり，それ自身，潜在的な思考に結びつくことによって，日中，在り得たかもしれない結合を作り出す。それでは，まったくいかなる思考によっても果たされることなく，昼間の思考と潜在的な夢思考との連合を必然化させている，潜在的な思考の特異な質とは何なのであろうか。

　さて，ここがフロイトの洞察のたいへん独創的な点だが，議論をかもしており，誤解もされているところである。今みたように，潜在的な思考は二つの面をもつ。それは意識的活動と結びつくか，または，結びつき得る。そして，この意味においてそれは前意識的であり，昼間の残留物は目的を果たすためにそれを使うことができる。しかし，潜在的な思考はまた，無意識の活

動にも利用できる。無意識の願望と衝動はこれを通して自身を表現し得る。それは小さなすきまのようであり，そこを通して内奥にある感情的欲動と願望が，通常はくい止められているが，意識的な精神へと突進し得る。これは無意識と向かい合っている通常の警戒心が，眠りのために低められているときに起きる。(夢の活動は象徴的な，行動‐分離したレベルにとどまっているから，自分にも他人にも肉体的・心理的危険は及ばない)。要するに，無意識の願望は心理的なエネルギー，夢形成の動機をもたらし，潜在的な思考は無意識の願望を，それが果たされたものとして表現するのに力を貸す限りにおいて自由に使ってよいのである。

しかし，この願望は大人なら意識しては決して認めないものであり，願望の達成は人びとの意識的，あるいは前意識的心理の一部としてすら経験されそうにない。にもかかわらず，睡眠中は願望にみちた衝動は目ざめているときより強く，通常の意識的警戒心はより弱くなる。不安という形の深刻な心理的乱れは夢を見得る人を目ざめさせ，眠ろうという意図を妨害する。夢作業の機能はこの不安を退けることである。潜在的な思考活動は夢の活動に変えられ，夢の産物は明らかな充足である。夢は今や葛藤する二傾向間での典型的な妥協の例として見ることができる。表面的レベルでは，それはおさえつけられた材料を意識的に目ざめさせることによって眠りの継続を脅かし，また，夢の産物によって眠りの継続を維持する。より深層のレベルでは，夢は無意識の願望の達成を表現する。が，同時に，表現を偽装して，意識のある（願望をおさえつけている）人に受け入れられるように昼間の残留物に結びつけた形で現れる。

夢の作業は論理や現実，もしくは理にかなった表現などの強制に従って進行するものではない。フロイトは夢の作業に一般的傾向が二つあることに気づき，それに置き換えと圧縮という名をつけた。置き換えとは時間，場所，出来事にわたり各種の変容を行なうものを指す。特に目立つのは，適合する像および，その逆転物から，たとえば，否定的なものから肯定的なものへ，能動的なものから受動的なものへというように感情をひき離すものである。

圧縮は像の一部が全体を表すとき（提喩法），あるいは一つの像が多数の意味をもつとき，作用している。ここに無意識の心理が意識のある，論理的な精神の操作とはたいへん違ったやり方で働く証拠があるとフロイトは確信した。特に注目したのは無意識というものは否定も，また，満足の遅延も知らないということである。つまり，願望を表すとはそれを満たされたものとして表すことを意味するのである。

　フロイトにとって夢の解釈は無意識の働きを突き止める近道となった。それはまた，夢と同様に，人の内での葛藤し合う傾向間での妥協を含む神経症の症状を理解するためのモデルともなった。神経症というのはそのさまざまな型の特性を明記することができないほど難しい概念である。神経症は固有の正常性の相対的基準をもつ特定の文化のなかで，個人的特質をもつ存在の正常な平凡と区別することができるのだろうか。それだけでなく，フロイトと仲間たちとは夢形成から得た洞察を芸術製作や社会的集団の形成を含む，通常の生活の他の多くの分野にまで広げた。フロイト的考えが広まり，それに対応して心理的「正直さ」が増加するにつれ，神経症と正常との区別は実際，ぼやけてきた。通常の人の夢のなかにも神経症の症状のなかにも似たような心理的過程が働いているというフロイトの発見は，人間であるとは神経症的傾向をもつことを意味するということ，また，どんな神経症的過程もない人はたとえそれが理想的なものとしてであっても，現実的ではないということ，が一般に受け入れられることに貢献したのである。

　フロイトの一般的な洞察は広く認識され，彼の学術用語が日常語の一部になったほどだが，その一方で，彼の夢形成についての特定の理論的モデルは決して広く受け入れられてはいない。または，決して十分に理解されてはいない。このことはフロイトの夢判断の方法を使う実践的精神分析家たちの場合ですらそうなのである。彼らは意識に現れた夢についてまったく関心をもたないままに，フロイトの指示に従う。それどころか，彼らは気ままな結びつけによって，潜在的思考とその周辺で争っている無意識の力に焦点を当てる。これは治療上の重要な構成要素なのである。彼らは，このようにして，

潜在的思考のなかで無意識の力が，意識に現れたものの陰で「真の」夢に到達したと得心する。しかし，これは概念上の誤解である。

フロイトは一度ならず読者に，潜在的思考は夢そのものではなく，ちょうど，奇妙な身体的あるいは感覚的印象が夢形成の物質的なきっかけになり得るように，心理的きっかけにすぎないのだという点について喚起を促した。

> 昼間の残留物は夢作業にとって精神的な材料である。それはちょうど，たまたま現存する感覚と身体の刺激や経験的に引き起こされた条件がその肉体的材料であるのと同じである。その残留物に夢形成における主な役割を告げることは，新たな位置で前‐分析的誤りを繰り返す以外の何ものでもない。潜在的な夢思考は夢にではなく前意識的思考にわりふられる。夢のもつ願望達成という質は警告，告白，問題解決の試みという質と同じレベルに位置づけられるべきではない。(1913, 10：18-19)

フロイトの言っていることは実際の治療では大きな違いとなるものではないかもしれないが，彼の理論的モデルにとっては決定的なことである。人はまず「潜在夢」をもち，それから夢作用という手段でそれを「意識に現れた夢」に移し変える，ということではない。フロイトは潜在的な思考が，その受動的な像という要素とではなく，能動的な感情の要素と，関連づけられるということを確かめたいと思った。

この感情の要素には夢とは対照的に，願望という心理的事実がある。それは知られたもの，あるいは知覚されたものとして経験される。それゆえ，上記のフロイトの文章で夢と潜在的思考とは心理的事実の同じレベルには属さないものとしている。このしばしば起こる混乱は部分的にはフロイトのせいである。この夢の要素は実は「潜在的な夢思考」なのだが，「潜在的思考」と名づけることにより，彼は不慣れな読者を彼が避けたいと思っていたまさにそのまちがいの方向に，確実に導いてしまった。

潜在的な夢思考は意識的な通常の心理的所産に似ている。それは前意識として述べられ得るし，事実，日中，一瞬は意識的だったはずだ。しかし，夜間，無意識の衝動が加わることで，これに同化され，言わば，無意識の思考の状態にひきずりおろされ，無意識の活動を調節する法則に支配される。(1912, 8：438)

　ここに，後にピアジェが使うことになった，潜在的思考は子どもの活動と衝動に同化される，というのと同じ表現があることに注目しよう。すると，フロイトは象徴的像と意識の形成についての実行可能な発達理論を欠くままに，自分で明確に言語化できた以上に「知っていた」ということになるのではないか。私はそうだと思う。それでもやはり，彼の夢形成の力学に関する思考の核が50年ほど後にまったく異なる前提からうちたてられたピアジェの満開の発達理論に統合され得るということは天才の証しと言うべきである。と同時に，この夢形成のほうはピアジェの理論で抜けている重要な感情の要素を提供している。この要素がもとになって知識発達についての発生的認識論が十分統合された心理学理論に変わることになったのである。
　ここでフロイトの動的な夢の理論をできる限り明確に要約する。大人の夢を説明するためにフロイトは同時に相互作用をする六つの個人的な活動を仮定した。(a)眠ることへの意識的な願望，(b)達成を強制する無意識の幼稚な願望，(c)昼間の意識的活動の前意識的残留物，(d)身体と感覚の状態についての現在の前意識的印象，(e)睡眠中はやや低められているが，無意識の願望が意識化されないように働く，習慣的な圧力，(f)眠りたいという願望，無意識の願望，また，無意識の願望の習慣的抑圧，という相争う圧力に応じて，妥協として夢を産み出す無意識の夢作業。以上の六つである。無意識の願望という感情により，心理的なエネルギーと夢の基本的な動機（「なぜ？」というもの）が作られる。この願望は人の前意識的活動に（変装して）入りこむのに，昼間の前意識の残留物あるいは現在の感覚の印象というきっかけを必要とする。それは抑圧という抵抗にうちかたねばならない。それはちょうど，

二つの前意識的あるいは意識的要素である，昼間の残留物と体の状態の印象が，眠りたいという願望をうちまかそうとする無意識の願望のエネルギーを必要とするのと同じである。幼稚な願望の装いをし，そして，まともな言い方をすれば，前意識的な（「意識に現れた」）夢を生み出す夢作用は基本的な願望それ自身と同じく，心理的に無意識な活動のレベルで進行する。要するに，フロイトにとって夢とは，習慣的な抑圧に抗して，願望の達成されたものとしての形を再び-現れさせるよう働く，無意識的活動の産物である。願望それ自身は人の無意識な精神の一部であり，夢形成に対し，感情的エネルギーをもたらすものである。「夢は（抑圧された）願望の（偽装した）達成である」(1924b, 13 : 415)。

　このフロイトの夢形成の理論の考察においては，さらに二つの観測がきわめて重要である。前意識的活動から無意識の活動を分離させることがまだ十分になされていない幼児期において，夢の願望は抑圧という対立する力に必ずしも出会っていない。そのため，どんなたくみな変装もなしに達成されたものとして現れ得る。二つめの観測もまた幼児期に関係する。フロイトは大人の夢作用は文字通り発達上の退行であり，そこでは，眠っている間の緊張のゆるみで大人が幼児期初期に典型的だが，後に捨てられる心理通りに行動することになると仮定した。彼はそれを一次過程の心理学と呼び，無意識的活動と意識的活動の差を一次と二次の思考過程の違いとして簡潔に述べている。さしあたり，ここでは，一次過程を「子どものような」思考，二次過程を「大人の」思考と同一視することができるが，これらの語についてはより精巧に練り上げていくことにしよう。だが，無意識・前意識・抑圧という概念は頻繁に使われてきた。そこで，これらフロイト学派の主題に関する考察に移ることにしよう。

無意識

　もし，フロイトが何かで知られているとするなら，それは人間の心理における「無意識」の精査ということになる。フロイトが本を著したときは，結局は心理学という経験科学になったものの創始者たちが，「魂」という，その主要な属性が「意識がある」というものを系統的に観察する新しい分野をうちたてようとしていた頃だったということは記憶しておかねばならない。これとは対照的にフロイトは，ある行為の原因を探求する動的原理に携わった。この目標を達成しようとするなかで彼は「効果的な無意識」と名づけるものを発見した。これは関与する個々人の意識には役立たず，或る観察しうる心理的結果に直接かかわる，隠された心理的な力である。それだけでなく，たいていの人びとは分析家が「無意識」に特有のものとするような思考や願望を少しでも隠していることを初めは激しく否定する。精神分析の出発点から，意識対無意識の対照は単に記述的な限定ではなく，人の内部での対立する力の衝突を表した。抵抗，抑圧，否定的な投入，検閲官（意識への直接侵入を抑圧する力）などは対立する傾向の間にある潜在的な闘いを意味する概念のうちのいくつかである。

　私たちが意識的には気づいていないが，必要があったり機会があったりすれば意識的になり得るものが無数に存在するという事実に注目して，フロイトは前意識的（preconscious）という形容詞を使った。前意識的なものと無意識のものとは意識には存在しない。しかしながら，前意識的であるものは意識的にさせられ得るが，これは無意識に関しては成り立たない。たとえ，この術語が不完全であり，意識の基本理論が知覚と真実の静態的理論（知覚に当たるドイツ語は Wahrnehmung で，意識的知覚が真理の基準であることを意味する）に縛られているとしても，私たちが前意識を意識の下位区分として使い，そして，気づき・注意・理解のような，意識のいくつかの「次

元」に沿って全種の類別を行なっている限り，目的には役に立つ。心理的にはフロイトの前意識は意識の部分をなし，両者の間には量的違いはあろうが，質的違いはない。

　だが，フロイトの言う無意識は意識とは質的に違っており，このことが別の心理学分野や人格の別の部分に言及したとき彼が述べたことである。フロイトはこれらの異質性と，これらを分離する心理学上の境界線とを強調した。もっと普通の言い方をすれば，意識が無意識を在るべき場所に押し戻すのに対し，無意識は意識に対抗して押そうとする。後にみるように，ときどき，逆の構図が現れる。つまり，無意識が意識の力の侵入に対抗して自身を守ろうとするものだ。全体を通し，フロイトは高度に柔軟で自立した語彙を使った。あたかも，これらが精神の自立した領域であって，そこに特有の，それらを統制する小さな人びとがいるかのように。しかし，これは，人のなかで作用している心理的力の複雑性と，もし相反性でなければ反対性とを理解しようという人にとっては深刻な障害とはならないはずだ。もっと深刻なのはフロイトの無意識の理論が個人的責任を回避する形で使われ得るという反論である。この件に関して私は関連する見解を一つ述べるにとどめたい。フロイトもピアジェもともに偉大な旧習破壊者であり，「相対化主義者」である。彼らは真実と知識に関してであろうと，絶対的なものを拒絶した。そして，極度の肯定も否定も避け，また，同様に，極度の非真実，非科学的，潜在的有害性などを避けた。実際，私は本書で，彼らの理論の発達史，特有の機能，可能性，限界等をたどりながら，両理論がともに客観的知識と個人的な道徳律をつなぐ適切な絵図を提供していることを示そうと思う。

　当初，フロイトは二つの人格部分に別の欲動を，すなわち，性的な欲動を無意識に，自我の欲動を意識に，割り当てられると考えた。これらの欲動が別々の目的をもつ限りにおいては，心理的領域に関する論争は別々の欲動の結果として説明され得る。さらに単純化すれば，一次過程を無意識に，二次過程を意識に，と並べることになる。結果として，この区分はあまりに融通性がなく，人為的すぎるということがわかった。この最初の案では，無意識

を押さえ続ける力は何かという問に対しては可能な答は一つしかなかった。それは自我欲動の領域である意識から発する力以外のものではあり得ない。しかし，フロイトは無意識を押さえつけている自我と超自我の力がそれ自体，無意識そのもののように（厳密に言えば）無意識であることをしばしば観察した。修正することが妥当となり，それはフロイトが二つの対立する欲動のモデルを修正した1920年に同時になされた。

別々の心理的領域の代わりに，フロイトはただちにイド・自我・超自我という三つの行動主体を考えた。イドにあるものはすべて無意識である。が，自我と特に超自我の活動もまた大部分無意識である。さらに精確に言えば，自我の少部分だけとたぶん超自我のよりわずかな部分とが意識的か前意識的である。フロイトはもはや性的欲動と自我欲動とを対立するものとはみなさなかった。それらはエロス欲動に含まれることになり，この反対物は破壊欲動であった。この新しいモデルでの，もしそう言ってよければ，偉大な勝利者は自我であった。それはもはや無意識に抗して閉じられたものとはみなされない。逆にこれはイドとともに流動する連続性のなかにはっきりと表され，欲動の大きな貯水池とみなされる。そのため，自我はこれらの無意識の力をいくらか自分自身に取り入れることができる。同様に，意識的部分はもはや独自の性的欲動を備えた無意識に対立する，独自の自我欲動を備えてはいない。それどころか，エロスと破壊という二つの新しい欲動はあらゆる人格部分に浸透していると言われ，イドに対する自我の，また，その逆の，開放性を示す，もう一つの例となる。

フロイトの初期の著作が当時の哲学的，学究的，また医学的な心理学により無視されたままだった，個人の一部としての無意識に焦点を当てたということは納得のいくことである。彼は意識と意識している「私」とを所与のものとして，認められたものとして，扱った。もし彼が意識についての何らかの理論を少しでももっていたとしたら，それは，先に述べたように，知覚についての気づきを言語化した意識に関係していた。したがって，無意識は知覚という日の光によっては「照らされ」ない，もしくは「照らされ」得ない

ものとして記述された。

　フロイトは「私」，または通常訳されている自我，に対して注意を払うことがふえるにつれ，自我のようなものが生まれたての赤子にあるとするのは意味をなさないということに気づいた。「自我らしきものは生まれたばかりの個体には存在しない。自我というものは発達させられるに違いない」(1914, 10：142)。彼は新たな人格モデルを導入した際，こうした発達観を維持し，イド‐自我分離はあまりに厳密に取られてはならないと強調した。この発達的洞察に沿って，フロイトは自我欲動と性的欲動とのまったくの分離は心理的事実に適合しないという確信を得るようになった。ナルシズムの概念は二つの欲動をまとめる彼のやり方であったが，すぐに彼は二つに分離することを完全にやめて，エロス欲動一つに含めた。実際，自我についての上記の引用は彼のナルシズムに関する論考からのものであり，それに続く文は平易にこう述べている。「自己‐エロス的な欲動は最初から存在する」。

　本章ではフロイトの特別の研究対象である無意識に焦点を当てているので，数多のより詳しい論議は後にゆずることとする。そこで，今しがたの文を追及して，無意識は最初から存在するのかと問うことにしよう。フロイトはイエスと答えるはずだと私は思う。と言うのは，無意識について考えるなかで，彼は欲動部分と知識部分とを区分けしなかったからである。実は，潜在的な夢思考に関係して先に指摘されたように，彼の関心はもっぱら感情部分に集中していた。「この否認された思考，もしくは，この特定の衝動」とはフロイト（1933, 15：28）が自らの誤りを正した一つの明らかな例であるが，これは夢形成の心理学において問題なのは知識の形における思考よりも思考（像，空想）がそれに同化される衝動だということを指している。そして，フロイトは続けて，この衝動は無意識から出ているとした。

　さて，仮に無意識が欲動と衝動に主に関与し，知識内容には二次的に関与するにすぎないとするなら，それが生まれたときから存在すると考えることに何ら困難はない。「子どもにおける意識は無意識から分化するのは容易ではない……それは完全ではなく，まだ発達のなかにあり，ことばで表現され

るには至っていない」(1918, 12：139)。フロイトがここで意識−無意識の対比について述べ，その結果，ことばで表され得るものと意識とを結びつけるとき，そこでは子どもがまず無意識の知識をもち，そして，意識的知識をその始めからゆっくりと発達させるということができるのか。これは理にかなったこととは思われない。

　もう一つの，よりもっともらしい解釈はこういう主張である。つまり，幼児は前意識的欲動から出発し，発達が進むと，相応な知識と情動をもつ意識的な自我を獲得するというものだ。しかし，この説明はもしフロイトの基本的な前提が考慮されないままであるなら悲惨なまでに不適当である。この前提とは大人において無意識が継続的に存在するというものである。このことを心に留めて，フロイトが無意識について数ページ後に述べていることを読むことにしよう。

　幼児期の初期における夢と神経症の証拠に注目して，フロイトは「一種の知識，定義するのは難しく，理解の予備段階のようなものは子どもに存在する」という確信を述べた（1918, 12：156)。彼はこの知識の本性を思い描くことができなかった。「可能な解答のための唯一の基礎は動物の広範囲な本能的知識との興味深い類似性のなかに見出され得る」。その前ページでフロイトは次のように推測した。

> 哲学的「範疇」を好む，系統発生的に獲得された図式は経験を自分のものとすることを可能にする。私の意見ではそれらは人間の文化史の痕跡である。エディプス・コンプレックスは子どもの，親との関係にかかわるものだが，ここに属すものであり，実際，この種の例として最もよく知られたものである。経験は遺伝的図式に適合しないところでは，空想のなかでやり直されるだろう……。その図式と経験の衝突は幼児の葛藤に関する多くの材料を提供するように思われる。(1918, 12：155)

　この引用から，後の論議のために二つの考えを取り出しておきたい。それ

第 3 章　無意識世界の形成　59

は理解に関するカントの図式と先験的カテゴリーについてのフロイトの言及と人類の進化史に基づく本能的傾向への評言である。第一のものはピアジェ理論に関連して第 6 章で追求されることになる，重要な哲学的問題である。第二のものは生物学的問題で，続く二つの章での重大な焦点となる。それはそれとして，フロイトの考察で最も低い年齢である 1 歳半の幼い子どもたちに在る知識の前形態に関しての彼の発達的見地に注目しよう。これを，人がフロイトの語「本能的」を「生まれたときに存在する」と解釈しそうになるとき，思い起こすことにしよう。フロイトはこう続けている。

> もし，人間がそうした本能的なものを所有しているなら，仮にそれが性心理の諸過程に，必ずしもこれらに限定されることなしに，関連しているとしても驚くにはあたらない。この本能的［要素］は無意識の核，つまり，原始的な精神活動であろう。たとえ後で発達上の理由で追い払われ，他の物に隠されても，それはたぶんすべての人びとに関して，より高い心理的過程から原始的レベルへ引きずりおろす力をしばしば保持するであろう。抑圧はこの本能的段階への復帰であろうし，人間は自分が新たになしとげたことによって神経症になる可能性を得たことになろう。幼児期初期に受けたトラウマ（精神的外傷）の重大性は，続いて起きる発達によって消滅されることのないよう，それを守る材料で無意識を武装することだろう。(1918, 12：156)

本能的ということばのフロイトの使い方には注釈が必要である。特に，先に触れたように彼の「欲動 (drive)」（ドイツ語で Trieb）という語が必ず，そして，混乱することに，「本能」と訳されるからである。しかし，注目しなければならないのは彼が本能を欲動とではなく，知識と（実際そうあるべきように）関連づけていることであり，また，それを，最初期の精神活動，知り，理解することの前段階，成熟した論理的理性の発達への準備と呼んでいることである。彼は子どもたちが「系統発生的に得られた図式」，

すなわち，そこに彼らが自分たち個々の意味ある経験を組み入れる（あるいはピアジェの用語で「同化する」）一般的な知識の枠組みを構成する様子を描いている。彼は子どもがいまや愛着の対象として空想化する自分の世話係に対して，身体的な（フロイトは「性的」と言う）衝動の形で個人間の関係を経験すると主張する。この自分の経験に意味を付与しようとする初期の試みは最も厳しい型の葛藤にとりまかれる。フロイトはここでトラウマ（精神的外傷）と幼児期の神経症に言及する。このこと自体驚くべき観察であり，幸せで，葛藤のない幼児期という一般に流布している絵図を確証したいと切望する発達心理学者たちがなかなか受け入れなかったものである。

しかし，さらに注目すべきは，抑圧とトラウマ（精神的外傷）はこの幼少期ですら（あるいは，この時期では特に）欠くことのできないものであり，機能的な意味をもつというフロイトの結論である。これらは無意識の活動をまとめて個人的に意味のある内容をそこにもたらすきっかけとなる。ここまで備わってくると，無意識は意識的な理性の猛攻撃を拒絶し得る。エディプス・コンプレックスの崩壊期には，これがはっきり目につく。無意識は意識的な材料を，夢形成という夜ごとの妥協や，症候および性格形成という，心理的にさらに過酷で永続する妥協にまでそのレベルを時を隔てて繰り返しひきずり落とすことも可能になる。

フロイトによる無意識の本性を論じるにあたって，私は欲動の要素を感情や情動の点から強調することから始めた。欲動が人生の初めから存在していることを受け入れる気でいた。しかし，本能の図式を考慮すると，知識を組織化する要素は1歳から2歳の間のどこかで導入され，空想，夢，無意識の材料のような心理的産物の形成を導くこととなる。これらは象徴的産物であり，フロイトが・な・ぜという点から，つまり，それらの個々の歴史を研究し，ピアジェが後に，・い・か・にという点から，つまり，それらの論理的組織を調査したものである。フロイトの述べた精神的活動と理解の図式は実際，前章で考察したように，不変のものと行動－分離された象徴という，ピアジェの知識の図式（シェマ）である。発達におけるこの地点が欲動衝動と無意識の空想とでうめ

られた心理的領域とみなされる無意識の誕生だと私は言おう。

おそらくこの議論は領域として意識，無意識とせずに，フロイトのした領域的（地形図的）モデルから行動（動的）モデルへの変更をここで採用することで，明快なものとなるだろう。彼自身，イドと自我を諸行動の出所という意味で「エージェンシー」と名づけた。行動モデルは無意識がそこに居住するとして描かれている静態的な心理領域とは対照的に，人の能動的な行為を示唆している。この見通しの切り替えはフロイトが夢を，意識に現れた，あるいは潜在的な夢の像ではなく，その根底に在る夢作業と同一視したことに以通う。無意識のという語はこうして，その結果において無意識である行動として，そのはるかに気の利いた形容詞的用法に限定され得る。

もう一つの評言は形容詞「無意識の」に比して適切であり，意識という観念の方へ少し脱線することを必要とする。無意識の（unconscious）という語は何かを能動的にすること，しないこと，場合によっては，拒絶すること，制止することを当然含む無‐（un-）として，ハイフンの付いたものとして実は読まれるべきである。要するに，フロイトが無意識の原料の動力を強調したこととは一致するけれども，彼の見解とは逆に，人の内でいま無意識であるものは何でも，その少し前に無意識であるようにされたのだと私は考える。あいにく，フロイトがもっていた意識の絵図は適当なものではなかった。彼はそれをランプの光のように考え，それにより人は内部の知覚を観察でき，それをことばで報告できると思っていた。これはともかく意識しているということの特別な型であり，このことは最小限，もの形成と，ある程度の概念形成とを必要とする。この意識を得るには，私は自分がある種の（知識の）対象として見る何かに相対して一人の「私」としてあらねばならない。

本書ではすでに「前意識」という役に立つ概念について考察した。多くの理由から，それはより一般的な「意識」の概念に含まれるべきであり，また，はっきりと「無意識」から分けられるべきである。意識的と前意識的との間に明確な線を引くのは容易ではない。あなたはドアのほうへ歩いてゆく

とき，自分が何をしているか意識しているだろうか。たしかにしている。が，わずかにだけだ。知覚しうる材料の膨大な不定量は前意識的であるにすぎない。歩行を始めたばかりの生後 10 カ月の女児はあらゆる種類の空間的地形と体位について意識している（つまり，それに注意を払っている）。この大部分はすぐにも習慣的で前意識的なものになるであろう。

　ピアジェの理論では意識は概して行動の対象と，もっと詳しく言えば，対象の「抵抗」に応える行動の調節要素と，結びついている。同化要素のほうは（同化の）内的図式(シェマ)を含めて，特別な場合にそれが自己‐反映の対象になるのでない限り，意識されないのだが。私はこうしたことがベルリン会議に集まったフロイト学派の人びとにピアジェの言いたかった点ではなかったかと思う。が，彼は「無意識の」という語を，私が先に「意識していない」や「前意識的な」とした部分で使った。特に「無意識の」が特別な動的意味をもつ文脈で使う場合は「同化は意識的なプロセスではない」と言ったほうがよいのに，ピアジェはしばしば「同化は無意識的なプロセスだ」と言っている。

　フロイトは人格のイドの部分を，基本的欲動の相互作用を扱う主要なエージェンシーとして説明した。大人においては，イドの活動は説得力のあるフロイト的な意味でまったく無意識である。これは，少なくとも部分的には意識のある自我の活動とは対照的である。イド・エージェンシーは快感原則と一次的な精神過程とに従って働く。自我においては，少なくとも部分的には，現実原則と二次的な精神過程とがこれに対応する質である。フロイトにとって，イドから自我（およびその特徴的諸行動）を決定的に分離する大きな事件は 6 歳頃のエディプス・コンプレックスの解消である。ここには生後 5 年以上かけて幼児が構成した，最初の，自己中心的精神生活の最終的な放棄と，より広い社会的現実に向かう確固とした転換とが含まれる。フロイトはこの大きな分かれ目を指して，真の情動的激変と明確な表現をしている。これはたいへん苦痛で屈辱的な個人的経験に包まれた「破壊」である。これは抑圧であり，実際，後のすべての抑圧を単なる二次的な現れ，根源的抑圧

(Urverdrängung）の後に続くもの（Nachdrängen）とするような，原抑圧である。

原抑圧

　私はフロイト学の特別なテーマのなかにその一つとして原抑圧を書き入れることにしたい。それは抑圧の概念は二次的な大人の形態では広く知られているが，発達という見地からは原抑圧があらゆる人間の心理を特徴づける実に決定的な出来事だからである。フロイトは自分の理論が後続の抑圧に関しては有力だが，原抑圧については説得力がないことに気づいていた。

　　治療で出会う抑圧はほとんど後続の抑圧の例である。これは後の状況へ牽引力を揮う，より早い時期の原抑圧を前提とする。これらの起源や抑圧の前 - 形態についてはあまりにもわずかなことしか知られていない。抑圧における超自我の役割について考えてみよう。これは過大評価されやすいものである。超自我の形成がことによると原抑圧から後続の抑圧への移行時に起きるということを決定するのはまだ不可能である。ともかく，最初で，かつ，集中的な不安に襲われることが超自我の分化に先立つ時期に経験される。原抑圧の直接のきっかけが過度な興奮の力とか防御体制の破綻のような量的な契機であるというのはまったくもっともらしいことだ。
　　(1926, 14 : 121)

　原抑圧の起源を明らかにするためには，子どもが構成する最初の象徴世界の不可欠な構成要素としてこの抑圧をみることが役に立ちそうだ。しかし，この最初の構成と抑圧とはある特定のときに一度になされるものと解されるべきではない。それどころか，エディプス・コンプレックスや空想は子どもに約4年から5年の間，だいたい2歳から6歳までの間，進行する心理的活

動に対してフロイトが名づけたものと理解される。そのなかで子どもはそこに自分が住む，最も近い世界に関連する人として自分自身を理解しようとしている。これは，やがては内的な像や空想として定着することになる象徴形成の，ゆっくりした，漸次的で，拡張的な過程である。

　この精神世界の中心は「私」であり，さらに精確に言うと，「私は欲しい」，すなわち，強烈な感情的質をもつ幼児の願望である。現実には「私は欲しい」の文句ではまだ不適当である。それは少なくとも，願望の対象によって充足されるべきである。このことはそのときにおいては何かに対する単なる茫漠とした感情だけではなく，子どもが望み，それと知っているまったく明確なものである。もの形成とは2歳くらいの子どもに他の人を望ましいものとして知ることを可能にする心理的しかけである。このものとは無論まったく具体的で身体的にかかわり合った他者である。「私は私のものが欲しい」というのがより良い言い換えであるが，これでも，まるで，そのものを知って，欲するようになる一人の「私」がまずいるかのようで，発達的に誤った印象をもたらすことがある。もし，年代順に並べるなら，欲求が最初で，次にもの，最後に「私」が来ると私なら言うだろう。時間的および概念的に要点を広げるなら，願望は生まれたときから存在し，ものは2歳頃現れ，「私」は6歳で現れるという考えを支持したい。

　この「ものが‐欲しい」はエディプス・コンプレックスの世界の内容であり，現存するものが目下の欲求に調整された，先行する感覚運動世界の持続である。しかし，この持続には新しい要素，つまり，不変のものの知識が加わる。いまや，「ものが‐欲しい」は不在のものが心理的に存在させられる，象徴形成という手段によって満たされ得るのである。

　ものが‐欲しいと象徴との結びつきには広範囲に及ぶ心理的帰結がある。もし，先行する感覚運動の発達を，目下の行動拘束の驚くほど適切な理解に向かっての着実な進歩とみなすなら，行動‐分離された知識としての象徴形成はこの拘束を一撃のもとに取り除くものである。いまや，ものを求める願望は最高の位置を占め，身体的あるいは社会的現実のいかなる拘束によって

も，またはいかなる論理的含意の法則によっても阻止されないものである。これは少なくとも子どもが自分の象徴的産物を他人と共有できない，または，しない領域においては真実である。この点で，原抑圧は，やがて意識的な自我に対立する無意識のイドとして確立されるものを分かつのに機能的に適切なしくみになる。

　原抑圧は「前意識の体系がそれを通して無意識の象徴の圧力から自身を守る，否定的な投入を前提とする」(1915c, 10：280)。これがなされるのは子どもが自我とイドとがまだ明らかに分かれておらず，無意識的活動と意識的活動との分離もされていない時期だということを思い出す必要があろう。そうなると，誰が抑圧ということをしているのか，誰が抑圧されているという空想の構成をしているのか，というまっとうな質問には何と答えたらよいか。答は明らかであり，子どもがそれをしているのである。これは最初の歯が育ち，続いて永久歯に押し上げられて抜け落ちていくというように子どもの身に単純に起こるものではない。実際，フロイトはこの見解を考慮に入れて，エディプス空想の発生と崩壊について生得の本性をもつ何かがあると認めた。それは「生まれたとき個々人は皆，死ぬことがあらかじめ決まっており，すでに有機体の傾向はたぶんその原因についてヒントを含んでいる」というようなものである。それでもフロイトはこう続けている。「にもかかわらず，いかに生得のプログラムが実行されるか，偶然の有害な条件が有機体の傾向をどのように利用するか，について調べることは重要である」(1924a, 13：396)。

　真に発達論的な見解はどれも上記の成熟 - 発達問題に似通う明らかな逆説に常に出くわす。普遍性対個別的差異の問題を取り上げてみよう。普遍的な発達はそれ自体，個人の心理的発達がないということの証拠であろうか。もちろん，そんなことはない。ピアジェやフロイトの発達理論が生得の方向性の傾向や，個々の行為主体の自律性を否定する必要ももたずに，論理的，または性心理的成熟の一般的（普遍的と言ってもよい）進歩を述べていることを私たちは確認することができる。両理論とももし一つの極が他方の極を犠

性にして強調されるとひどく誤解される。

原抑圧の起源の問題に話を戻すと，発達の全体像は深刻な概念上の混乱を避けるためにしっかりと心に留めておかなければならない。フロイトにとって抑圧とは一方で，あるとき意識的活動から無意識的なものを分かつしくみであり，他方ではまた，「抑圧と無意識とはかなりの程度，関連し合っており」(1915b, 10 : 250)，抑圧は発達の途上でこの二つの精神的な質の確立をもたらす原初的なしくみでもある。意識的な自我の力が，直接的にせよ間接的にせよ，無意識のイドから発した力を抑圧するということは容易に理解されることであろう。しかし，原抑圧は意識－無意識，あるいは自我－イドの分化に先立っている。

発達上の逆説ははっきりしている。無意識の中身がまだ存在しないとき，抑圧すべきものがいかにしてあり得ようか。また，意識的な行動主体が存在しなかったら，子どもはどのようにして抑圧ということをなし得るのか。これらの問はまだ発達上，固定されない区別を前もって仮定している。先に述べた場合のように，この逆説は心理的発達が当然含むものについて明白に把握していれば消え去ってしまう。

原抑圧はあらゆる抑圧と同様，「かつて生じ，終ってしまった過去のある出来事ではなく，……抑圧は現在もなおエネルギーの相次ぐ消費を必要としている」(1915b, 10 : 253)。このようにして，原抑圧については子どもにより構成される最初の象徴的世界と同時期に発生した過程として，フロイトが呼んだように抑圧の初めの相と考えよう。

> 原抑圧を抑圧の初めの相と推定するのはもっともなことである。つまり，それは精神の（象徴－）表象を意識へ受け容れずに締め出すからである。これは結局，固着に達する。それ以降，特定の表象がそれと結びついた欲動とともに，変化することなくとどまる。抑圧の第二の相，厳密な意味での抑圧は，抑圧された表象に由来する精神的なものにかかわる。……厳密な意味での抑圧はそれゆえ，後続の二次的な抑圧である。さらに，抑圧さ

れるはずの材料への意識からの反発力をあまりにも強調するのは不適当である。同じ程度に，それが何らかの結びつきを作り出しうるあらゆるものに対して，原抑圧を受けた材料によって実行される牽引力がある。これら二つの力が協力しなかったら，そして，意識から放出されたものを受けとめる準備のある，すでに抑圧されたものがなかったなら，抑圧の傾向は目標に達することはたぶんないだろう。……抑圧は欲動表象が無意識のなかに続き，さらに組織化され，派生物を形成し，結合関係をうちたてていくのを妨げはしない。……欲動表象はもし抑圧を通して意識の影響から切り離されるなら，さして妨害を受けることなく，よりのびのびと発達する。(1915b, 10 : 250-251)

　ここでフロイトは抑圧に作用する第二の力というものを導入した。それは意識に反発したり，それから締め出したりする力に加えて，無意識が意識に発揮する牽引力である。再び，先に引用したように，自らを意識から積極的に守ろうとしている無意識の普通でない姿が登場する。無意識は自覚される影響に妨害されずに，独自な無意識の象徴生命を拡大し組織化していける特定の象徴‐欲動結合として「固着する」。
　原抑圧の結果である，これら無意識の象徴は意識活動に継続的な牽引力を働かせる。この牽引力という心理的力は単に夜ごとの夢や続いて起こる神経症の症状を伴う厳密な意味での抑圧の初めのきっかけとなるだけではない。これは人間の努力や価値のなかで最も高く良いとみなされるものの基礎でもあるのだ。フロイトもピアジェも欲動が完全を求めることからの必然的な進歩という見方を受け入れなかった。しかし，そのとき，彼らは進歩のための特別の原動力の存在を仮定する必要がなかったのだ。緊張と不安定は，新しさや再構成に向かう社会的に基礎づけられた能力と連れ立って，象徴と知識形成という彼らの各々のモデルへと作り上げられた。フロイトにとってはエロス欲動が原抑圧の結果とともに，個人の発達と，見かけ上の，あるいは，真の社会的進歩とを十分に説明したことになるのである。

> 抑圧された欲動は最初の満足の経験を繰り返すことを通して，十分な満足を欲することを決してあきらめはしない。すべての代替物‐反応‐形成と昇華作用とは欲動の継続する緊張を取り除くには不十分である。欲望されたものと実際に得られた満足との差は一つのどんな状況にとどまることも許さない欲動する力に立ち返る。……十分な満足を取り戻す方法は概して，抑圧の進行を維持する諸抵抗を介して阻止される。こうして，その過程を全うし，目標に到達するという期待もないのだが，他の発達方向に進む以外，何もなされ得ない。(1920, 13：44)

　フロイトがここで，特定の神経症の症状に結びつく二次的抑圧ではなく，原初的形態の抑圧を指していることは疑うべくもない。心理的な不適応の意を含む二次的形態がまず研究され，世の注目を浴びたのは理解できることではあるが，不運なことである。結果として，原抑圧は，それが仮にも認められるとするなら，二次的抑圧の原因としてみられる（それはそうなのだが）。が，その発達上の総体的な役割の真価は評価されていない。子どもは原抑圧をもつ個人的な行動をとることなしに大人になることはできない。同様に，あらゆる抑圧から自由な文化とは（H.マルクーゼには失礼ながら）想像の産物ですらない。
　私の見解では原抑圧は最初の象徴形成，象徴的世界の子どもの最初の構成，と呼べるものに必ず相伴う片割れである。構成も抑圧も受動的な子どもに課せられるものではない。逆に，この二つの活動のなかで子どもは行動し，行動するなかで自分自身になる。次の引用部分でフロイトが言及した「幼児の性的能力の最初の開花」は私が象徴形成と呼ぶものに近いが，その崩壊は疑いもなく原抑圧の最も目立つ例である。

> 幼児の性的能力の最初の開花は発達段階の未成熟さはもちろんのこと，幼児の願望と現実との相反する性質のゆえに，無に帰する定めとなっていた。それはたいへん痛ましい状況のなか，深い傷を負って，崩れさった。

愛の喪失と失敗の経験とにより自己価値の永遠の減少を招いた。(1920, 13：19)

　エディプス空想の破滅を招く力となった二つの条件に注目しよう。第一は現実の抵抗があるということ，つまり，個人間の現実が主要なものである限り，個人の意志の衝突がある。第二は大人に対する幼児の側の同等でない力を必然的に経験するということである。不十分さに関して，フロイトはたぶん成熟した愛情関係を不可能にした性的発達の欠如について考えた。が，それはもし私たちがそこに論理的発達の不十分さを含ませるなら，その意図を歪めることにはならない。実際，ひとたび，初めの論理的終結が達成されると，それにより子どもには，私的な象徴世界に対する統制の尺度が与えられ，社会化された現実の膨大な可能性が開かれる。

　最終的に，発達の全体像において，原抑圧は，無意識と意識とが成人心理の二つの形態である限りにおいて，この両者の「原因」と呼ばれ得る。もし抑圧がこの二つの形態を分ける，能動的で継続する力であるなら，最初の抑圧がなされる場合にどちらか一方が先だと決めることには意味がない。私たちに言えることは，もの‐世界と象徴‐世界を構成する同じ幼児が，同時に，この心理世界の意識的および無意識的形態にやがてはなるものをも構成するということにつきる。しかし，この分離が相互的排除と欲動を扱う根本的に異なる方法とを当然含むからには発達の道筋の初期にその分岐点があるに違いない。私は原抑圧がエディプス空想の崩壊と一般に言われているものと，たとえそれが事実その最終的達成であるとしても，同時に起こるとは考えない。いずれにしても，6歳から7歳の頃に子どもは精神分析の見地から人という区分に入る発達をとげる。すなわち，そこには自我と超自我，イドがあり，意識（前意識を含む）的な，また，無意識的な知識があり，快感原則と現実原則の心理，一次過程および二次過程の心理がある。

　厳密な意味での抑圧のなかに（夢のなかのように），意識（あるいは前意識）的自我から遠のけるものとともに，イドのなかで活動している，抑圧さ

れた材料から引き寄せるものがある。この遠のける力はエネルギーの撤退として説明され，イドの活動の肯定的な投入と対照をなす否定的な投入と呼ばれている。フロイトは原抑圧は否定的な投入のみによるものだと考えた。それは肯定的な投入を（「抑圧されたものの返報」として）実施するような抑圧されたものはまだ何もないからである。一方だけに関する投入について力説することは，フロイト自身の無意識のエネルギーについての動的理論にどこか逆らっているように思われるが，次のことを考えるなら，必要のないことだろう。すなわち，私たちが子どもの最初の象徴形成を子どもの意識的，社会的な自我の形成および無意識の特異的イドの形成と同時期に起きるとみなす，徹底した発達論の立場を取り得ると仮定するならである。この形成に関しては，誰が抑圧をするのかについての先の解答はより意味深いものとなる。それは自我でもイドでもない。これらはまだ明確に分離されていない。それは行動する人としての子ども自身である。発達の途中にあってすら，子どもは原抑圧を通して独自の個人の心理を保護し，論理的操作を形成することによって，個人の自由と社会的責任という相関する規律に向かって動いている。

第4章
象徴を介して拘束されるリビドー

　フロイトは彼の欲動理論を指して「私たちの神話」と言ったが，これは精神分析的心理学がこれなしには何もなし得なかったものである。彼は初め性的欲動と自己‐保存欲動を区別するための基礎として愛と飢えという二つの欲求を選んだ。第一は他者への関心，第二は自己への関心，とした。しかしながら，彼の考えが成熟するにつれ，また，ナルシズムが自己を対象として形成される性的欲動という実質があらわになるにつれ，欲動の区別を維持することは望ましくなくなってきた。同様に，意識を自己‐保存欲動に，そして，無意識を性的欲動に，限定することが不可能であることもはっきりした。生涯を閉じるまでの20年間，フロイトは生と死との対照を主張する，いわゆる第二の欲動理論を展開した。生の欲動は，エロスとも呼ばれるが，すぐに性的エネルギーあるいはリビドーとともに，先の性的欲動と同一視された。しかし，その範囲はかつて自己‐保存欲動に属すとされていたものすべても含め，生命の全範囲を含むものへ広げられた。
　これは，もしフロイトが欲動の両極性を保持したいと望むなら，もはやその内容に基礎を置くことができず，欲動の一般的な質や方向に焦点を置かねばならないことを意味した。フロイトにとって，生の欲動は快感原則に従って働く。そして今や現実原則ですら快感原則の変形と社会化以外の何ものでもないと考えられている。こうして，快感の意味はフロイトがその始めにし

たような，単なる生物的欲求の自己本位の満足というものから大きく変わってきている。それはより広い結びつきをなし，より大きなまとまりを構成することの快感である。私は人間発達の枠組みのなかでフロイトの言うエロスを他者および新しさに対する自己の開放と同一視するが，このとき，フロイトの意図を誤って解釈しているとは思わない。

　反対の，死の欲動は他者や新しさから閉鎖状態や閉鎖性へ向かう傾向として概念化され得ることになる。それは（他者への関心と反対に）自身を守り，（新たなものを構成することと反対に）身近な日常的な生活パターンを繰り返すという方向を意味する。この傾向が優勢になるところには破壊，注目すべきは自己破壊，そして究極的には死がある。フロイトはこの二つの欲動の本性にかかわる考察を，やや茫漠とした生物の原理に根拠を置き，加えて，神話と文学で表明されたものの力を借りて行った。彼の仲間や彼に続く者の多くにとって，いや実際，ほとんどの人にとって，フロイトの論議は十分に説得力のあるものではなかった。それゆえ，理論的見解を変更することを少しもいとわなかったフロイトが，この二つの欲動については変更せず，これに従って他の理論的概念を修正さえしたということはそれだけ興味深いことである。単にユングに反対するためだったのか。もし，そうした個人的な理由でないとしたら，それは人間心理の内的核に葛藤をもちこむための唯一の方法だったのか。そして，このことはフロイトが実際多くの人が言うように根深い悲観論者であったことを示しはしないか。私は決してそうは思わない。しかし，ここでの私の狙いはフロイトの理論的見解について学問的批評をすることではない。狙いは二つの欲動に対する彼のたいへん円熟した説明に注目することと，もう一人の発達心理学者であるピアジェがこの問題に，より明快で，神秘性のより少ない見解をもたらし得るか否かをみることである。

知識と情動の根底にある二つの基本的欲動

　ピアジェの知識の理論のなかで決定的な概念は同化である。これは生物学的観念であり，生命そのものとほぼ同義である。同化により特定の状況に対応するということは，同化が同化という必須の道具をもった生き物の存在を前提にするがゆえに，生きているものの行動を特質づけるものである。第2章で考察したように，ピアジェは有機体の図式(シェマ)あるいは図式化への関連づけを行なった。この生物学的見通しからはすべての生き物の活動は，根底に在る図式(シェマ)に相関する自動性の相をもち，またそれゆえ，状況の外部的強制に対しては常に受身の反応以上のことをする。こうした強制が存在することは言うまでもない。強制が部分的に行動を決定したり，状況の強制なしにはどんな行動もあり得なかったりするということもまた明白である。行動は特定の具体的状況の下でなされねばならず，また，その細目が考慮に入れられねばならない。これらすべては現存の状況の強制への（同化の）図式(シェマ)を具体的に応用したものである調節の概念によって処理されている。しかし，調節そのものは生きた応答ではなく，機械的反応である。これはある高さの所から水のなかに不意に落ちてしまった人と，同じ高さの所から水中へ飛びこんだ泳ぎ手との違いである。どちらの場合も重力に対する調節がある。が，後者の場合だけ，飛びこむという感覚運動図式(シェマ)への重力状況の同時的な同化がある。ピアジェは同化を強調したが，それは調節の役割を軽んじようとしたためではなかった。あまりにも多くの学者が学習と知識の源泉として調節のみに焦点を当て，人が行動や思考の対象に対して調節するのは同化の図式(シェマ)であるということにまったく気づかなかったからである。

　同化を無視することは対応する能力の図式(シェマ)が暗黙の内に身についている日常的行動や習慣的知識が問題である場合，おそらくそれほど深刻ではない。障害物の近くを歩く（歩くことについての感覚運動の技能が身についている

場合）とか，ある数の合計を出す（数に関する操作的知識が身についている場合）といった，特定の調節について解き明かすのは概して，見ていてわかりやすいものだ。これらの行動は与えられた状況に対応して，或る目標に達することである。しかし，たとえば，新たな行動技能（車の後部窓を使うとか），新たな理論的理解（たとえば数字の），新たな社会洞察（小売店の機能とか）など，私たちが知識における新しさの構成を扱う場合，調節の要素にもっぱら焦点を当てるか，主に同化の要素を強調するかで，外界はとんでもなく大きく違ってくる。暫く私たちは具体的な行動についてではなく，一般的な理解について論じていく。この新たな理解の源は何なのか，そして，その背後に在る動機は何なのか。調節に関しては今言ったように問題がなく，外的なきっかけと返報とは通常まったく明らかである。しかし，同化および同化の図式(シェマ)はそれとして観察し得るものでなく，また，私たちが内省の対象としてそれらを直接意識するということもない。このすべてが真実であり，直接観察し得ないことについて統制されない理論化をする可能性については決して割り引いて考えられてはならない。しかし，極端な経験主義に走ること（歴史的にはこれは抑えのきかなかった独断主義への全体的反応であった），また知識を所与の事実への調節と同一視すること（実証哲学の理想）はまちがった哲学であるだけでなく（だが，誰の規準によるのか？），不適切な心理学であり，そのうえ，ひどく欠陥だらけの生物学である，と私は感じる。同化なしの生物学は音のない音楽のようなものだ。

　風呂の湯に赤子を放り投げるのでなく，ピアジェは生物学的に妥当な知識の理論を求めて，同化と同化の図式(シェマ)から出発し，幼児がいつまでも豊富に包みこみ続ける感覚運動行為の組織的体系をどのように構成するかについて描述した。明確にはそう言わずに，ピアジェは子どもが同化しようとする基本的欲動をもつのは当然のことと考えた。このこと自体は，同化の意味が十分把握されるまではあまり多くの意味を伝えない。さしあたっては，私たちは子どもが自分の図式(シェマ)を使おうとする一般的な欲動をもっており，そして，無論，これを使う唯一の方法はその図式(シェマ)を所与の状況に対し調節することだと

いうことを受け入れることができる。それではなぜ，調節しようとする基本的欲動が在るとは言えないのであろうか。考察を続けることでもっと十分にこれについて説明できるだろう。しかしながら，調節はそれ自身，行動への抵抗する力からの消極的刻印であるのに対し，同化は所与の状況への活動する有機体の積極的刻印であるということを考慮しよう。もし，有機体が活動的に何かをしているという限定された意味でのみあるなら，調節は流れ去る時や偶然の事態に左右されるが，同化は少なくとも自律的な統制という基準をいつでも含んでいる。

　しかし，同化には，外部の材料を調節すること以上のものがある。その図式(シェマ)はそれ自体，同化の源として，さらに発達し，新たな諸関係および相互関係を作り続ける。図式(シェマ)の発達は好ましい条件によって付加されるボーナスとしてみられるのではなく，同化過程に本来備わっているというのがピアジェの趣意である。先述した通り，ピアジェ理論は本来，発達の理論であり，知識の図式(シェマ)はまさに発達するものである。ピアジェの巧みな言い方を使えば「発達の論理とは論理の発達である」。

　生物的反射から，行動－分離された（不変の）ものと，分化された意味するもの（たとえば象徴）とが形成される際の最も劇的な進行は第2章でみた通りである。この出発点から，十分に調節された論理的操作に向かう理論的知性のさらなる発達がすべて踏み出している。この第二の局面は飛び抜けて長い時間を要する一方で，論理的な進行はおそらくはじめの2年間での達成より急激なものではない。

　調節の偶然的性格とはまたも対照的に，同化はそれを通して，真に建設的であり得て，また，新たなものを受け入れやすい，論理的な——そして根本的に論理的に必然的な——性格をもつ。子どもの発達には論理がある。すなわち，大人の発達した思考の根底に論理があるように，図式(シェマ)内と図式(シェマ)間に新たな結びつきを作り上げるのである。好ましくない情動的あるいは社会的状況は発達と大人の論理の両方を著しく妨害し得る。そして，この点で大人の思考は子どもの発達より妨害を受けやすい。が，このことで，社会的あるい

は物質的環境が知識の論理やその発達の根源であるなどという結論が正当化されることにはならない。

　ピアジェの主張した同化の生物学的原理がフロイトの基本的な生命欲動あるいはエロスとの間にもつ第一の近似を示すために十分ことばを尽くしてきた。フロイトはエロスについて大変一般的な記述を試みたところで,「生物学的要素をさらに拡大した単位にもち込む」とか,「連合させ, 結びつける」というような語句を使った。同化の原理が進化や発達において作用することについてのピアジェの記述はフロイトの術語とほとんど同一である。二人の学者がこの共通の基盤から別々の結論を引き出したということが認められる。フロイトはこの結びつきを作るために心理的エネルギーを供給する欲動の性格を強調し, ピアジェはどんな適応的な結びつけにも必ず備わっている論理性を強調した。しかし, 二人のどちらも, 他方を排除するところまで自分自身の見解を打ち出さなかったのだ。これは同化の図式(シェマ)に多数の論及のあるピアジェの場合により明白であるが, それは言わば, 同化‐すべき‐ものの探求であり, そのものによって勢いづけられるものである。

　知識と生物的行動とを同等化することで始まる知識理論は有機体が行動図式(シェマ)を使おうとする基本的欲動を備えている（また, そうすることでその知識容量を発達させる）と仮定するほかない。あらゆる行動に（それが有機体と環境との間の能動的調節である限りにおいて）論理的性質を仮定するとしてもである。ピアジェの同化モデルの根底に動機要素を認めさせることはこのように容易だが, その一方で, フロイトの欲動モデルには似たような知識要素が見出せるであろうか。明白な形ではたしかに見出せない。が, 前章で考察した三つの主要テーマがすべて知識要素への欲動にかかわることを思い出してみよう。夢形成の対象, 無意識の幻想の対象, また, 抑圧の対象が直接, 知識材料と関係している。フロイトはこの知識をどんな論理的強制をも免れているという意味で非論理的なものと性格づけたいと思い, 大人の意識の論理的思考というものに反対した。この点に関しては彼はピアジェとはっきり違っている。しかしながら, 欲動と知識とのたいへん明確な結びつき

第4章 象徴を介して拘束されるリビドー　77

は，フロイトの投入という概念の使い方にある。次節でこれについて考察する前に，欲動そのものについて考え，フロイトの二つの欲動がピアジェの理論とどう連合させられるかをみることにしよう。

　死と破壊とは強い否定的意味をもつ語であり，それゆえ，これらはフロイトにとって欲動の究極の結果なのであって，決して，意図された最も近い目標ではないということは思い起こしておく価値がある。生命欲動と反対の方向を保持したうえで，もっと一般的なことばでその欲動を表現することは可能ではないのだろうか。これは終結対開放という提案されている対比に沿ってなされ得ると思う。生物と環境の結びつきの新しい可能性への開放は生命欲動の最も目立つ目標である。生物の終結のほうは他方の欲動の類似した狙いということになろう。しかし，この二つの方向は必然的に相反するのであろうか。ピアジェは必然的な相反性はないとし，生物として備わった両極性とした。したがって，彼はあらゆる生物の機能を支配するものとして二つの基本的な方向を主張する。一方はその生物の構造の保存であり，他方は，保存と両立しうる行動 -（もしくは知識 -）環境の拡大である。

　ピアジェはしばしばこの二つの基本的な生物学的傾向に言及した。彼はこの二つをそれ以上の説明を要しない，よく知られ，一般に受け入れられたものと考えた。しかし，ピアジェによる真に革新的な考案はこの二つの傾向を知識とその発達とに結びつけたことである。生物の構造もその環境も同様に，知識過程を構成する部分である。その構造自体が生物に，環境に対し識別力のある形で行動をさせ得る。環境は物理的なものではなく，当然ながら，生物学的環境である。これはピアジェの用語で「区別できる（ノウアブル）」あるいは「同化しうる（アシミラブル）」環境の意である。それゆえ，知識は生物の構造を保存し，同化しうる環境を拡大するという一対の傾向に貢献している。

　この二つの基本的欲動が一方は終結と保存に，他方は開放と拡大に向かうということを考えてみよう。この両極性は同化と調節との間にあるものに類似したものであり得るのか。また，一方が大きくなればなるほど他方が小さくなるような反比例の関係にある両極性なのか。はじめに第二の問について

考察することにし，議論の目的を考えて，肯定的な答を仮定することにしよう。この想定はありそうもないことではなく，多くの一般的なフロイトとピアジェの解釈の根底に横たわるものである。フロイトの場合，エネルギーの一定の量が欲動衝動間に分配されているという想定された観念がある。ある欲動の衝動が強ければ強いほど，他の欲動の衝動のほうは弱くなる。ピアジェの場合は，同化と調節との関係について似たような信念がもたれている。つまり，「多くの」調節を伴う行動は相対的に「少ない」同化を当然のこととして含み，逆もまた同様である。外国語の詩を機械的に学ぶことが一つの例として提示できるだろう。音の連続に対するよき調節があり，有効な言語図式(シェマ)への対応する音の型の同化はない。同化と調節とはそれゆえ，均衡を保っていない。

しかしながら，そしてこれがピアジェの初めの，そして，大事な核心部分であるが，知識にはそれ自体均衡をとろうとする傾向がある。機械的知識は知識のなかの著しく劣った形態であり，その欠陥はあらゆる知識のなかで決定的であるもの，すなわち，同化過程の傾向をまさにもつ。二番目に，最も原始的な機械的知識ですら，常に同化の或る要素を，状況の緊急性に対応するレベルではないけれども，もっている。調節されるものとは同化の図式(シェマ)であるということを思い起こそう。与えられた対象に対しての人の図式(シェマ)の調節は図式に対して人が対象を同化するという，知識の別の側面にすぎない。与えられた例において，順次的に語を聞いて形成するという感覚運動の図式(シェマ)は最小限の必要条件であり，この図式(シェマ)なしに，語の機械的な模倣は決してあり得ない。

さらに考えるべきことがある。常識では「良き」同化は決して調節を妨げないとされる。逆に，音楽の断片を良く理解することで，達人はいっそう，個々の音楽の詳細に注意が行き，よく記憶する。同様に，訓練を受けていない素人よりも，仕立師はスーツの知覚し得る特定の詳細部分にずっとよく気づくらしく，その結果，実際に布を使ってよく似たものを作ったり，絵やことばでそれを再現したりする。要するに，同化と調節は量的または質的に両

第4章　象徴を介して拘束されるリビドー　79

極であるということからは遠く，実は相補的なものである。「多くの」同化と「良き」同化は概して，同種の調節と切り離せずにあり，逆もまたしかりである。それでは，これら二つの概念間に両極性もしくは対立はどのように存在するのか。まったく単純に，それぞれの結果の方向に存在する。同化においては，知る主体が行動（の対象）に図式(シェマ)の印を付け，調節においては，行動（の図式(シェマ)）に対象の印がある。行動‐内‐知識は行為者（主体）と対象の間の双方向の事柄である。これを概念化するには両極性という方法によるしかないが，それは量的あるいは質的本性の対立にまで拡張されてはならないものである。

　そこで，どうやら同化と調節とはピアジェが仮定したようにそれぞれ保存と拡大という基本的傾向と結びつけられる，とはならないようだ。にもかかわらず多くの解説者がまさにこれをしているということから，ピアジェの文体の難しさと，伝統的な習慣が関連の思考に不慣れであることとがはっきりする。この解説者たちにとって同化は，知識の保存的で習慣的な極であり，新しいものへ反応する，拡大する極としての調節に対立するものである。このモデルにおいて新しさの問題がモデルの模造品として調節に結びつけられることでうまくかわされているということだけは私は付け加えねばならない。この誤った結びつけはピアジェの誤読を導く主要因であり，すでにそこに在るものの模写か発見の偽装を通してしか新しいものに触れることのできない，知識獲得に対する態度を映し出している。言い換えれば，本当に新しいものはなく，新しく見えるものしかないということになる。

　ここで私はピアジェの保存‐拡大極性にフロイトの二つの欲動との関係でさらに迫って考えていく必要があると思う。本章の始めにこれらの欲動が閉鎖と開放ということばで暫定的に再概念化され，フロイトのエロスとピアジェの同化原理が並列させられた。だが，ピアジェの理論のどこに死の欲動に対応するものが認められるだろうか。仮に調節の極を死の欲動に類似したものと考えようとしていたとするなら，前段落の誤った解釈を単に裏返しただけという奇妙な状況に陥ることになろう。

私たちが閉鎖‐開放の対照性をよりつぶさにみ，固定されたリビドーのエネルギーと一般に思われている観念について考えてみると，フロイトのそうした解釈が生物を閉じられた組織に効果的に封じこんでしまうということがはっきりしてくる。知識の領域で先に考察した，新しさが知識過程の特徴のなかで最も有意義な（説明するのも最も難しいが）ことだということは，エネルギーもしくは動機づけの力の領域へ拡大される必要がある。生命は単にエントロピーの法則に支配されているエネルギー交換のプロセス，すなわちエネルギーの漸次的消失，ではない。それはまた，結局のところ，K. ローレンツ（1973）が「電光（創造的突発）」と呼んだ，新しいエネルギーの構成の過程である。ということは，そのなかで生命が発達していくエネルギーの決まった総量などないということである。それは行動と知識とがそのなかで拡大するという前もって与えられた現実がないのと同じことである。

　これはすべて，フロイト（1920）の生物学的考察と驚くほど密接な関係にあり，このなかで彼は先の欲動の構成的本性を，死の欲動の保存的本性と慎重に対照づけて，確立させた。それでも，死の欲動についての彼の記述は奇妙に量が乏しく，消極的なものである。それはトラウマ（精神的外傷）を受けるような行動の無理矢理の繰り返しのなかで特にはっきりすると言われている。あとは，快感原則や現実原則についての無関心，外部の影響からの保身，新たな関係を作ろうとしないこと，他者性への敵意，他の者に対して，究極的には自己に対して，攻撃的であることなどが述べられている。それをフロイトは「破壊」欲動と名づけたが，注目すべきはドイツ語の"Destruktion"（破壊）という語が英語の同じ語が破壊するという身体的行動を内包するのに対し，もっとあいまいで心理的な連関をもつということである。フロイトの考察の文脈では破壊は心理的結びつきをうちこわすことを指し，これは心理的結びつきを拡大し続ける網状組織の構成に向かう傾向をもつエロスと明白な対照をなしている。他者への愛（他者がどんな形で組み入れられようと）と自己に対する恐れはフロイトの生の欲動と死の欲動の両極性にたいへん直接的に呼応する人間の基本的な二つの情動であるように思

われる。方角としては，生の欲動は構成的であり，他者へ開放されており，死の欲動は保存的（あるいは制限的）であり，自己の側で閉じられている。

　私の狙いは，生の欲動を同化の原理と結びつけることを提案したうえで，ピアジェ理論のなかにフロイトの保存欲動と同価値のものを捜すことである。今こうして保存欲動に言及できる地点に到達してみると，保存がピアジェ理論のなかで重要な概念であることがにわかに思い起こされる。それは，たとえば太い容器に入れた一定量の液体を細い容器に注ぐと相対的に高い準位に水面が達することの理解のような，不変の知識，特に，量的不変性の知識を指す。その量は寸法の次元が劇的に変わろうと，「保存」される。9歳くらいの子どもでは量の操作が発達し，そこからその保存を論理的に必然的な意味をもつものとして正当化することができる。しかしながら，このピアジェのモデルでは保存について否定的なものは何もない。逆に，知識そのものがそこへ向かう，同化と調節の間の均衡と安定とを代表している。

　かなり一般的に，保存は心的操作がそこでどちらの方向にも動くことができ，出発点に戻れる，論理的体系の完結性と結びつけられている。祖母というものは孫娘でもあるという，また，たくさんの子どもと一人の先生のいる教室の人数は子どもの数より多いという，7歳の女子の（論理的に必然性のある）理解は分類体系の完結性の実例である。第2章で，不変のものの発達的獲得が考察され，これほど初期（2歳くらい）であっても，ピアジェは体系的でなくてもやはり保存の前形，すなわち時空間における客体を，たとえそれがもはや現存する行動対象でなくても，心的に子どもが保存すると考えた。この心的対象の保存を自己の保存に応用して，論理的理解を考える自己の保存として想像してみよう。論理的判断をする際，概して習慣的にあるいは暗黙の内に，人は考える人として自分自身の統合性と一貫性を保存する。

　さて，ここで，ピアジェが有機体を保存することと同化しうる環境を拡大することという，基本的な二つの知識傾向の存在を仮定したことを思い起こそう。この二つの傾向そのものは，保存は自身に向かい，同化は外部に向いたものであって，明らかに方向は異にするものの，相入れないものではない。

それではこれらの関係は何なのか。知識図式(シェマ)(それが本能的か発達的に得られるものかで違いはない)を備えたある生物が丘の斜面にすみかを作り，別の生物はこの一般的な地形だけでなく，平地，樹木，岩，水辺などほとんどどんな地形にもすみかを作り得るという場合を考えてみよう。両者の内，どちらが図式(シェマ)をより多くもち，どちらがより拡大された同化しうる環境をもっているだろうか。答は明らかだ。が，二番目の生物のほうが自律的統制の手段を多くもち，多くの自由度をもっているということについても考えてみよう。これはすべて，知識図式(シェマ)の複雑さに直接比例する。

それでは，数学的かつ論理的な操作の完結性に強制され，専門分野の理論的知識を使う建築家の場合を取り上げ，必然的な論理的な保存の強制がどのように無限で常に新しい可能性を切り開くことに関係しているか，自分自身に問うてみよう。世の中には論理の強制的に働く面だけをみて，ありふれた答以上のものを生み出すことのない，生命のない枠組みとして論理の価値を低いものとする人びとがいる。その人たちはピアジェの同化をこの限定的な意味に解釈するので，そのため，知識におけるどんな新しい適応を説明するのにも調節が必要になる。さらに徹底させて，多くの人がこの理論を不適切なものとして処理してしまう。この人たちは論理的枠組みの強制がないと，人間の思考は科学や芸術においてであろうと，あるいは，社会をともに支えている人間同士の関係および価値においてであろうと，新たな達成を継続的に自由に作り出すことができないということに気づかずにいる。

ピアジェの理論は論理的知識の完結性が理論的な可能性を開くための必要条件であることを明確にした。彼は今日(必然的に)可能であると判断されているものがしばしば，より早い時期には(ここでも必然的に)不可能だとみなされていたことを実証した(1976b)。このことは，社会的な知識の発達におけると同様，個人の場合も真実である。幅広のビーカーよりも細いビーカーのほうに水が多く入っていると判断する6歳の子どもはこう言う。「こっちのほうが水の背が高いから，たくさん入っているに違いない」。数年後，まったく決まりきったことのように「これは量が同じだから背が高いの

第4章 象徴を介して拘束されるリビドー 83

であり，高くなければならない」と判断する。この両者の間の年月に子どもは三次元の量の十分に操作的な図式(シェマ)（すなわち，操作）を発達させ，それに状況を同化させる。初期の図式(シェマ)は部分的にのみ操作的であり，容易に観察し得る二次元の高さの量に焦点が合っていたのである。両時期とも，子どもの知識は「均衡が保たれ」ていた。しかし，その間で不均衡について何か気づいたことがあったに違いない。たぶん，それは「欠陥がある」，「考える人として自分に何かが欠けている」というぼんやりした感じ以上の何ものでもないというようなものである。これは，常に必須の動機とエネルギーがあると仮定するなら，子どもの図式化の再構成の機会になり得る。

　この機会が何であるかをはっきり説明することは難しいだろう。実験者により作られた課題状況の前で新しい洞察が初めてなされるときと同様，子ども自身が明確にこれに気づくことはごくまれである。概念としての量が明確な手ほどきにより教えられるということはまずありそうにないことであり，それ以上に，そのこと自体が役に立たないということがすぐに露呈するだろう。調節はそれゆえあまりはっきり見えないが，同化を拡大する原理が働いている。子どもは新たなレベルで同化の図式(シェマ)を構成し，さらに言えば，再構成し，そうすることで，前の図式(シェマ)で経験された論理的な欠陥を補う。この発達のモデルのなかで，保存の欲動と拡大の欲動と呼ばれ得るものが緊密に連携して進む。同化し得る世界を拡大させ，同時に子どもは自身を論理的な思考者として保存する。

　しかし，この好運な事態は通例よりも理想的で例外的なものである。子どもが理解する際の大きなズレに対してそれを補うエネルギーを拡大させるように動機づけされておらず，ぼんやりと不十分さを味わい続けるだけだったらどうなるだろう？　社会がこうした問を怠惰な空論として否定的に扱い，9歳の子どもに対し，役立つ仕事や習慣的役割としての他の何らかの活動を期待したらどうなるだろう？　強い情動的愛着が初期の図式(シェマ)にへばりついたら，または逆に，特定の事柄が，心理的あるいは生理的理由によって，子どもにとってひどく面白くないものであったりしたらどうなるだろうか？　私

がこれらのことを並べたのは知識の発達においてピアジェが実際，エネルギー，動機，社会的機会，健全な脳を含む，好ましい環境の配置を推定したことを示すためである。ピアジェのこうした推定はこれらの条件がどの社会においても，少なくとも，ある知識領域では変わることなく浸透しており，そして，年齢が低ければ低いほど，子どもにとって知識妨害，それに続く補償，そして知識再構成の機会がそれだけ多くなり，喜んで受け入れられることとなるから，正当であることが証明されたと私は信じる。

　それ以上に，ピアジェは科学的思考の自然発達的な基盤を示すことに狙いがあったため，可能な限り明確なやり方で論理的‐数学的理解に焦点を合わせた。彼は科学を知識の一つの理想として受け入れたが，それがいかなる，そしてあらゆる人間行動に対する唯一受け入れられる，あるいは実際にふさわしいモデルだとはどこにも述べていない。それにもかかわらず，保存，拡大，妨害，補償，再構成，保存という発達上の連続は発達のあらゆる領域で，そして，あらゆる段階で妥当なものである。これは現在の考察にとって一つの重要な結論である。

　もう一つの評言もまた適切なものである。保存と拡大の闘いがあるところでは，結局，保存が優勢である。私はこの文をより精確に，あらゆる発達における暗黙の論理を考慮して言い直そうと思う。知識とはそれ自身を保存しようとする傾向とその同化し得る範囲を拡大しようとする傾向とをもつ均衡の状態である。もし拡大がわずかで知識の混乱を導くに至らないなら，保存が維持される。しかしながら，拡大がもっと充実していて，知識の混乱を導くなら，その傾向は，新たに拡大された知識がそれを通して再び均衡の状態となるような再構成をすることによって混乱を補償することになる。もし，どんな理由によってであれ，再構成がなされなければ，知識の混乱は抑止され，先の均衡状態が再び引き起こされる。

　（環境との均衡のとれた状態に自身を保つという）保存の傾向は基本的なものであり，同化の範囲が拡大されればされるほど，図式(シェマ)のネットワークはより緊密になり，保存の傾向はより強くなる。拡大の傾向は基盤としての保

存を必要とし，保存のより高いレベルで図式(シェマ)を再構築することをめざしている。この進行には，強度と持続における多様な変化をもった，最初の保存の妨害が含まれる。再構成はそれゆえ，同時に，妨害に対する補償である。図式(シェマ)のネットワークが拡大すればするほど，また，緊密であればあるほど，すぐ後に補償と拡大とを伴う知識の混乱は少なくなるようである。

　　あらゆる分化はありうる新種の混乱を引き起こし，これは全体的な周期体系（下位体系をその一部とする）の結合に関係している。結果として，その周期がこわされる（そして何の発達もない）か，（保存の相互作用としての）結合が分化した下位体系にその同化力を行使するかである。その場合，分化は統合によって補償され，均衡に基づく新たなかつ豊富な拡大がみられる。しかし，この全体性を統合する力は先行の作用なしにその場に現れた不自然で無理な「神」ではない。それは同化への統合である（もし同化が実際に「神」であるとするなら，そのあらゆる表れにおいて，単に認識機能だけでなく，生命一般との関係においてそういうことになる）。事実，同化のどんな過程も必然的に周期的かつ自己保存的である。これがどんな全体的体系（その序列を問わず）でもその分化に抵抗的であり，また，統合形態において補償的反応が存在する理由である。(1975 : 37-38)

ピアジェの均衡理論についてのこの概要（Piaget, 1975 ; Furth, 1981, 第5章）は，もし十分に詳細まで練り上げられれば，なぜ，あらゆる子どもがどこででも，自分の知識図式(シェマ)を発達させ，拡大させるかについて説明を推し進めることができるだろう。それは，思春期を過ぎると知識の発達がずっと少なくなり，特定の社会的条件と個人差に強く条件づけられることと対照をなす事柄なのである。それはまた，この二つの傾向の間にある関係が単一的には叙述できないということにつながる。ある観点からはこの二つは協力するように思われ（幼児期初期におけるように），また別の観点からは，葛藤がある（思春期以後）ように思われる。しかも，さらに別の見地からは，そ

れらはたがいに依存し合って補い合う。保存する図式(シェマ)は拡大によって存在することになり，拡大は基本的に保存を必要とする。もはや拡大しない図式(シェマ)をもつ生物はやがては死に至ることになる。

　最後の数ページを吟味すると，保存と拡大という一組の傾向に動かされる知識過程についてのピアジェの記述がエロスと死の欲動の相互作用についてのフロイトの記述とそれほど違わないことが明らかである。子どもの知識発達における二つの傾向の働きが容易に観察し得ることから，死の欲動の表示があいまいなフロイトのモデルより優位にあるようにみえる。本節をフロイトとピアジェの二つの基本的傾向に対する共通の名前を作って終らせることが今や可能であるし，また，真の統合のために，それが要求されていると思う。フロイトにとって生と死の欲動は人間の行動の根底に在る情動と緊密に結びついている。拡大しない知識は死んでいるということを容認するとしたら，私たちは同じ名称を使って，（相対的に）生きているか死んでいる知識を指すことができるはずだ。しかし，二つの欲動は論理的に反対の位置にあるものではなく，違うものであり，相補的なものであって，ある状況下でのみ葛藤するのだということを私たちはもっと精確に示すことができるはずである。

　私は構成的と制約的という二語を，一方は生命と知識の構成と拡大を示し，他方は，保存と制約と破壊を示すのにたいへん適当なものとして，提案する。この二つをつなぐものはこれらの形容詞が別の形で修飾する一つの名詞ということになるが，私は同化という概念以上によいものは思いつかない。これは物質的現実と生物的現実との相違を明確に語っている。構成的同化の欲動は（フロイトの言う）エロスと（ピアジェの言う）拡大する傾向とに対応する。制約的同化の欲動は（フロイトの）死の欲動と（ピアジェの）保存する傾向とに相当する。あらゆる生命と知識とは，したがって，構成的ならびに制約的な同化という二つの生物的欲動の不断の相互作用の歴史的産物として概念化されよう。

　フロイトが主張したように，それは二部分から成る欲動モデルであり，構

成的同化は変化と新たな結びつきとを産み出すとき，あらゆる騒音と混乱を起こし，他方の制約的同化はより静かに深く作用して，過去の均衡を維持し，守る。知識と情動とは，狭い意味では何と呼ばれようとも，このやや一般的な用語のなかに，十分含まれている。実際，ピアジェ（1975）の知識発達の均衡モデルは，すでにみてきたように，この二つの欲動の傾向をフロイトの生物学的考察や実例による事例研究よりもなにか明快でわかりやすいやり方で説明してある。

にもかかわらず，彼らの理論の統合を意味あるものとするには，知識と情動の発達の源にある共通性を指摘するのでは事足りない。結局，この二つは大人にとってはたしかに，概してまったく違う心理的事実なのである。知識と情動（あるいはよりフロイトに即して言えば，欲動的衝動）の相互作用を詳しく規定することがまだ残ったままである。この難しい点を明らかにするために，情動的に動かされた行動から知識が分離していく，その発達的起源となる子どもの象徴活動の始まりに話を移すことにしよう。これ以上に実りの多いやり方はあり得ないはずだから。

欲動の投入としての知識

先行の章で繰り返し強調したように，2歳頃のもの形成の際，知識は質的変化の出発点にある。さまざまな形態での象徴形成はもの知識の心理的結果であることが明らかにされた。三つの重要な象徴的行為は象徴的身ぶり（たとえば遊び），象徴的像（たとえば幻想），象徴的交信（たとえば言語）である。感覚運動行動という，目下の物質的および社会的条件により強制され，部分的に決定されるものとはまったく違った起こり方で，はじめの二つの形態では少なくともはっきりした動機の問題が出てくる。第2章でピアジェの象徴形成モデルを詳しくみた。その心理的起源や機能を明確にすることなく象徴を扱う他の理論のなかで，それが独自の地位を占めることに注目した

が，その一方で，ピアジェは象徴形成についてその動機的な基礎を含め，理論をわかりやすくすることは決してなかったのではないか。こうした不足部分があったために第3章でフロイトに戻ったのである。そのなかで私はフロイトの主要な三つのテーマに関して発達上の見通しを提出し，それらを（沈黙する伝達者以上であるならそうしなければならないように）疑念のなくなるように説明した。が，全体としては（第2章で私がしたように）その理論のなかにとどまった。しかしながら，この章では私は慎重にその先に進み，一つの理論を他の理論の観点からみるという試みをする。前節ではフロイトの基本的な欲動を知識についてのピアジェの見通しを使って描写した。そして，ここではピアジェの象徴理論を，欲動の投入に関するフロイトの見通しと統合してみようと思う。

フロイトが使ったドイツ語のBesetzung（ベゼツング）は文字通りには「占領」「引き受ける」という意味であるが，英語話者である訳者たちはカセクシス（cathexis）とカセクトする（to cathect）という語を考案した。しかも，もう一つ，フロイトは日常用語を好んで使うのだが，これがまちがって専門的特殊化をされるという妨害を受けてしまった。また，初期フロイトのこの概念の使い方が，神経のエネルギーが特定のニューロンや神経の集まりに局部的に投入されていると考えられた神経学的考察に深く頼っていたということにも注目しよう。しかし，まもなく，この生理学的な含みはさほど重要ではなくなった。精神分析が催眠術を方法としてあきらめ，心理療法にまったく頼るようになってから，投入とその周辺の諸概念はどんどん人の心理（あるいは魂とフロイトなら言うだろう）の領域のものとなった。そのプロセス自体は直接的なもので，人は欲動のエネルギーを対象に投入する，というものである。フロイトは性的欲動のエネルギーをリビドーと呼び，その欲動が生の欲動やエロスに拡大されるときもその呼び名を存続させた。

ここで，私は投入の対象に焦点をあて，フロイトの英語話者である訳者が物質的な物としての英単語「object（物・対象）」を使ったことで，その非心理的意味によって深刻に脱線してしまったことに再び触れたい。周知のよ

うに，フロイトにとってものは決して物自体ではなく，常に心理的なものを意味した。私は今フロイトとピアジェのもの概念を関連づけるが，フロイト固有の方向に従い，それを心理学的にさらに明確なものとする。第2章で，発達に従い，初めはそこで未分化な行動のものである行動知識から，ものが引き出されるということをみた。子どもは2歳前後で知識の枠組みを，目下の行動から行動知識が分離され得る点まで発達させる。これが知識の対象としてのものそのものの起源である。このことを基本として，論証を続けよう。このものはリビドーの投入を受けて，象徴になる。

　象徴はフロイトとピアジェの理論がそれぞれ動機と知識の要素を提供して，そこで連結する最も明確な心理的実在である。不在の実在を存在させるには意味するものと意味されるものとを組み合わせる知識と，新たな実在を構成するための動機とエネルギーの，両方が必要である。この構成の新しさについてはまぎれもないということにしよう。6歳までに，そしてそれ以降も，あらゆる面で人間心理を文字通り吸い込むために象徴的実在が徐々に生じるが，この事実があるからといって，2歳の子どもの感覚運動の世界から6歳の子どもの象徴の世界への質的変化を無視することはできない。フロイト（1926；14）にとって，象徴は「欲動‐代理人」（14：132）であり，「衝動の運び屋」（14：118）である。「欲動は意識的なものにはなり得ず，それを表現するのは象徴だけである。無意識においても象徴による以外に欲動が表現されることはない」（Freud, 1915c, 10：275）。2頁おいてフロイトは明確にこう述べている。「象徴は（基本的には記憶の軌跡の）投入であり，一方，感情と情感は究極的に情動として経験される放出過程である」（10：277）。

　この最後の引用で，フロイトは象徴がもともと欲動のほうからみれば投入であるとしても，感情と象徴の分離にまで至る，象徴というものに独自の特性に言及した。実際，この感情の置き換えは彼が神経症の患者に接して最初に気づいたことの一つであった。「Aのことで涙を流すヒステリー患者は自分がAとBとの結びつきが原因で泣いているということにまったく気づかずにおり，B自体は当人の心理生活のなかで，何の役割も果たしていない。象

徴はここでは，まったく物の位置を占めている」(1895, 1:349)。Bは欲動に投入された最初の象徴（「物」）であったが，今や二次的な象徴AがBの意味と感情を引き受けている。

　意味と感情の分離および置き換えは，象徴形成をまず第一に可能にする，行動と知識のより一般的な分離のなかで特別の場合とみなされ得る。どんな形態であれ，象徴は，それが定義通り行動の，該当する具体的なものから分離されることにおいて，感情の最初の置き換えを当然含むということに注意しよう。したがって，そのものに対する感情は行動のものから知識のものへと置き換えられると言い得る。その分離より前には，いかなる行動も，それなしには行動が生じることのない，特有の知識と情動の範囲をもっている。これは本能的行動のなかでたいへん目につくものだが，しかし，これは感覚運動的行動においても同様である。11カ月の女児が，そうでなければトンネルのなかを這い進んだり戻ったりすることが好きであっても，新たにやってきた遊び相手と動き回ることに情動的に適合したら，もうそんなことはしなくなる。

　しかしながら，行動分離の後では，欲動衝動は目下の行動に結びついてそれによって放出される代わりに，象徴を形成することにエネルギーを使うことによって想像上の（可能な）行動と結びつくことができる。これら想像上の行動とはどんな状態のものなのか。物質的（おそらく神経学的にも）面においては調節の前身（なれ親しんだ動き）であり，意味の面では子どもの同化的な知識（図式）の一部である。だが，この象徴の状態に関するピアジェによる記述は子どもの知識装置に象徴を形成するエネルギーをもたらすという欲動衝動の決定的貢献について書き落としている。心理学的見通しからは，象徴的なものは現存するものと違い，象徴するものと身体的（行動）結びつきをもたず，心理的結びつきのみもつ。結果として，象徴の行動起源の時点では見合った欲動衝動があるものの，目下の象徴構成の陰に別の欲動衝動があり，現在の感情はもはやもとの衝動にとって妥当なものではないということもあり得る。

第 4 章　象徴を介して拘束されるリビドー

　フロイトは発達の段階でエネルギー投入の質が変化することに気づいた。これに関して彼は頻繁に注釈を出したが，決して一貫性があったり，体系的であったりはしない。私はここで自由なエネルギーと拘束されたエネルギーの対照のことを指しているのである。この対照を私は「私」（自我とナルシシズム）の出現，フロイト自身の著作が内的矛盾を示しているもう一つの領域，とともに考察したい。象徴を使う能力を身につける前の子どもについて考えてみよう。先にみたように，彼らの行動世界は目下の物質的また社会的な制約に縛られている。この点では生後2年間の感覚運動の発達は目下の感覚と運動の世界の知識のなかで着実に進行している。これはフロイトの言う (1915a, 10 : 228) ように，「最初の実在‐自我は有効な客観的規準という手段によって（体の）内側と外側とを区別した」という局面である。フロイトは適切にこれを指して「身体自我」としたが，「行動自我」と呼ぶとさらによいだろう。別の注目すべき論文でフロイトはこう述べた。

　　知覚に由来する内的な像はすべて知覚の繰り返しである。初めに知覚的表象が存在して，表象されるものが実在することを保証した。主観的と客観的との間の対立は当初存在しない。それが生じるのは，外部のものがもはやそこに在る必要がないのに，思考が，代理物の再生産を通して，前に知覚した物を再び現前させる能力を獲得する限りにおいてのみである。現実を検査する，最初にして，たいへん直接的な目的は，したがって，像に対応するものを実際の知覚においてみつけることではなく，それを取り戻すこと，それがまだそこに在ることを確信したと感じることである。主観的と客観的とを隔てるもう一つの要素は思考の別の能力による。知覚の像の再生産は常に忠実な繰り返しではない。不注意により変形されたり違う要素の融合によって変化したりし得る。現実を検査することでこのようなゆがみの拡大を統制しなければならない。ものがかつて本当の満足をもたらしたものを失っているということが現実の検査を始めるための必要条件とみなされる。(1925, 14 : 14)

ここで再び，フロイトは当初の未分化な状態について言及する。主体を行動の対象から分離するという考えによって，現実から隔てられるという可能性はまだ存在しない。が，象徴的再生産は，存在せずに「嘘をつく」ことのできるものを本物として心に描くことができる。生物学的に健全な有機体がなぜこのような実在しないものに煩わされるのであろうか。フロイトの簡潔な答，失った過去のものに返り着くためというのは，幼児のリビドー衝動のエネルギーがこうした象徴に投入されており，そのため，これらの象徴は情動的に本当で意味のあるものになるということの別の言い方にすぎない。

　ついでながら，ピアジェとフロイトの像の能力についての記述が，とりわけフロイトが知識理論にほとんど関わっていなかったことを思うと驚くべきことだが，類似しているということに注意しよう。それにしても，フロイトは代理の像，および再生産の像の扱いについて最近の解説者たちにくらべ，どれほど注意深かったことか。先にも述べたように，一律に最年少の幼児にまで，そこにない実在について像を想像し，形成する力があると考える人が多い。この力はピアジェによれば，感覚運動知識に存在もしないし必要ともされないものである。感覚運動的認識は像記憶ではなく，現存の，ごく普通の調節である。

　先の引用でフロイトが新たに獲得された象徴機能によるものとした自我の変化は現実検査という，6，7歳以前の子どもの力をはるかに超えた（ピアジェが示すように）仕事を指す。心的操作の終結なしには，現実検査はせいぜい部分的で不確かなものである。にもかかわらず，主体‐客体の分離としての象徴形成は現実検査を不可避的なものとする。この必要性のために，子どもにはそれを通じて空想のなかに何らかの基準をいつかはもちこむことができ，主観的なものと客観的な（現実の）ものとを区別することができるような操作を構成しようという動機が呼び起こされる。

　しかし，しばらくの間，自我の主要な関心は社会化された現実ではなくて快感にある。初めに，最初の行動自我が快感自我に変わる。「客観的基準によって内と外の区別を設けた最初の現実‐自我は何よりも快感に価値を置く

純化された快感自我に変えられる」(Freud, 1915a, 10 : 228)。ここでフロイトは象徴形成が可能になるねじれについてはっきり説明した。快感であるものは何でも自我に取り入れられ，同化される。不快なものはすべて外界に放出され，調節される。「純化された快感」という語句は以前の状態，フロイトが「不快」原則と呼んだものが働いている（すなわち，苦痛の回避）状態，と区別するために彼が選んだものである。不快の回避はそれに続く，「他者」への関心（以前の「無関心」とは対照的に）と結びついた快感への能動的な探求とはまったく違うものだということに十分注意しよう。

　次の引用で示すように，フロイトはそれなしには快感原則が作用し得ない心理的装置に到達するように刺激を拘束することがごく初期の幼児の主要な課題だと考えた。この拘束はもともとは保存欲動に帰せられる務めで，エロス欲動が活発に働いて拡大することを可能にする。この務めについてのフロイトの精密な割り当てに注意してみよう。保存欲動がこの拘束をするのだが，エロス欲動が拘束される材料を提供する。エロスのエネルギーを拘束することで快感（リビドー）が対象，知識と欲望の対象となることが許される。したがって，発達上の移行は気ままなものから拘束された欲動エネルギーへ，制約的同化（保存欲動）の動揺から構成的同化（エロス欲動）へ，不快回避の原則から快感の能動的探究へ，無関心から心理的な「もの」としての他者への関心へと立ち至る。

> 興奮欲動が一次過程に達するよう拘束するのは心理的装置のより高い層の仕事である。拘束に失敗すると外傷性神経症のような乱れが起きる。首尾よく拘束がなされた後でのみ快感原則（およびその変形としての現実原則）の力が一様に確立される。そのときまで心理的装置の他の仕事，つまり，興奮を統制して拘束することが先決となる。それは快感原則に必ずしも対立はしていないが，それから離れており，部分的にはそれに関わりのない仕事である。(Freud, 1920, 13 : 36)

私の論点はリビドーのエネルギーの「最初の」拘束はまさに子どもが情動的に愛着をもったものの，象徴（像）への投入の形をとるということである。この象徴の世界のなかで快感原則は最高の地位を占めている。象徴形成においては，ピアジェが明らかにしたように，子どもは現実を自分の個人的な快感に同化させる。この文はこう言い換えることができる。つまり，子どもは象徴を形成することにおいて自らの個人的な快感現実を構成する，と。この現実へのリビドーの投入は自己の内部へと向かって——ピアジェの自己中心的という術語のよくある誤解だが——いるのではない。逆に，快感はもの‐指向的であり，このことは他者への強い個人的愛着を暗黙のうちに含んでいる。

　第3章でこの象徴世界を私は「私の‐ものが‐欲しい」と言い換えた。自己中心性が帰属させられるはずの「私」が存在しないことに注意してほしい。子どもは，情動，特定の行動，新しい組み合わせ等々という点からさまざまな状況で新たなものを，自分に関係づけることによって不断に構成しているということが付け加えられるべきである。要するに，強勢は同化（現実の強制を受けない），ものにおける快感，新しさ，構成，に置かれる。これに向かうエネルギーはエロス欲動から来ており，それを伝える乗り物が象徴であり，関心はものに在り，心理的働きは社会的に強制されない構成的同化（ピアジェ）か一次過程（フロイト）である。

　混乱がリビドーのエネルギーの拘束に関して生じる。自由なエネルギー対拘束されたエネルギーとのごくありふれた関連は一次過程と二次過程，あるいは快感原則と現実原則の対比と並行する。第一次体系では「大量の興奮の自由な放出があり，第二次体系のほうはその投入を通して放出の統制を，その可能な行動の発生に応じて安定した投入へ変化するように，作り出す」(Freud, 1900, 2-3 : 605)。最初の投入の自由な遂行とは対照的に，ここにあるのは「安定した投入」である。これは「練習行動，少量の遂行を伴う運動試行とみなされ得る……判断の機能が首尾よくいくようになるのは否定象徴の構成によって抑圧の生産からの，およびそれとともに快感原則の強制から

第4章　象徴を介して拘束されるリビドー　95

の，第一段階の独立が思考にもたらされた後でだけである」(1925, 15：14-15) という考えによるものである。

　これを前の引用と比べると，解釈者を困惑させた明らかな矛盾に気がつく。ここでは思考という安定した投入においての興奮の拘束があって，快感原則から解放され，それにより，二次過程の，そして，現実原則の心理へと進むのである。前には，興奮の拘束によりまず快感原則がうちたてられ，その結果として現実検査が始められることが必要になると言われた。

　この難点を解くためにすでに私は初期の拘束が最初のものに当たると論じたのである。それはものと象徴形成の形で2歳頃に始まる。そのものとは幼児がそこで自分をみつける個人間の関係であり，これらのものの感情的エネルギーが象徴に「拘束」される。この新たな心理的獲得は続行する行動現実の傍らにも象徴的現実を子どもが構成することを容認するが，子どもの混沌とした象徴世界に秩序を与えるための統制をもちこむことはない。ここに「私の‐ものが‐欲しい」原則の支配力が揺れ，ただ一時的で矛盾した現実検査により限界のある点検を受けるだけのフロイトのエディプス的世界が在る。この心的世界では快感自我が行動自我をたやすく支配する。感情や知識には秩序の欠如による混沌があり，両者とも初めて行動の現実強制から引き離される。そうではあるが，行動分離が起きなかったら個人的情動や理論的知識はまったく存在しないであろう。

　感情の動きとリビドーのエネルギーの自由な放出とにより典型化される情動の混沌は子どもの行動世界へいっぱいに広がる。その実体は原抑圧に支配される。後に現実原則によって像と実在との区別がはっきりするようになると，情動的混沌が行動と意識に——空想と夢において，個々人や集団の神経的ないしは心理的行動において——ときどきほとばしり出る。無意識のイドについてのフロイトの記述は今でも最良の性格づけである。幼児の象徴知識が快感原則の強制化されない態度と発達した論理体系の欠如によりひどくゆがめられているということはピアジェの著作に十分描かれている。それは子どもの行動と会話のなかに不安定なふるまいと予告し得ない遊び心を支える

ものをみる人になら誰にでも容易にみてとれることである。

ピアジェは具体的操作と名づけた，思考の最初の論理的体系の確立を5歳から7歳頃としたが，これは子どもがエディプス的世界を脱するとフロイトが主張した年齢である。再び，知識と情動の両方が重大な境界に立つ。エロスと快感原則がうちたてた情動世界はあきらめられ，論理的操作により初めて子どもの心理に論理的必然性と根拠の示される理性とがもたらされる。その頃までには子どもは情動的に成熟し，家庭にとどまらぬ，より広い現実にリビドーを投入し，自分の構成している論理的操作をこの目的に使うことに夢中になっている。この時点でリビドーと象徴的ものの第二の結合があり，これにより，初期の混沌とした，私の‐欲しい‐指向の象徴的世界とは大きく違って，より秩序のある，社会的に共有された世界へと導かれる。それは依然として象徴――言語，科学，芸術，理想，価値――の世界であるが，私たち人間の社会化された現実を構成する，共有された象徴である。この意味で，フロイトは現実原則と二次的過程の心理の安定した投入と言ったのである。

次に挙げるのは一次と二次の結合の差が明らかにされる発達上の進歩の概略を図式化したものである。

生後2年間は幼児の心理は行動世界へ開かれていることによって動かされており，最初の行動は満足のいく個人間の関係のある状況へ参加することである。リビドーはどんなものであれ，たまたまることになった行動のなかで，制限なしに費やされ，それゆえ，放出される必要はない。個人の保存

年齢	自我	論理	リビドー	放出	過程	世界
0―2	行動	行動 (感覚運動)	自由	――	苦痛の回避	行動
2―6	快感	もの，象徴 (前操作的)	拘束された	自由	一次	私的象徴的
6歳以上	現実	操作	拘束された	統制された	二次	社会化された象徴的

(生存) は不快の回避という心理的過程により保証される。

　対照的に，2歳から6歳の子どもではリビドーの衝動が象徴に拘束され (最初の拘束)，投入され始める。この象徴への投入を通して，不快 - 回避の行動自我は快感 - 追求をする，象徴する自我となっていく。この投入は子どもが論理的一貫性や広い社会的現実にたいへん無関心であるため，論理的にも情動的にも不安定である。同様に，象徴に拘束された感情は自由に置き換えられ，放出される。これらの象徴で構成された私的世界はフロイトのことばを使えば，エディプス空想である。そこでは一次過程の心理と社会化以前の自我が働いている。

　フロイトの言うリビドーのエネルギーの二次的な拘束は三段目に示され，すでに象徴 - 拘束されたリビドーの衝動と結びついた感情の，より統制された放出を指す。前と同様に，ここには情動と知識の必要条件がある。子どもは自らの行動現実のなかで十分安心して私的象徴世界（原抑圧）のものを放遂し，より広い他者の世界へと向かわなければならない。しかし，他者，とりわけ仲間と共有するために，そして，私的現実と社会的現実をはっきり区別するために，論理的必然性の堅固な基盤のうえにある論理的操作が必要とされる。こうした状況の下では社会的に共有された象徴において欲動衝動を安定して投入することが可能である。このことは快感原則と感情の自由な（つまり，自己 - 指向の）放出との対応する修正と統制とを当然含む。その結果は現実自我の二次過程の心理によって社会化された世界を構成することとなる。

　付け加えておくことは，リビドーの象徴世界への投入が人の行動世界を終りにすることはないということである。私的な象徴的世界は感覚運動行動の進行し拡大する世界へ徐々に加えられ，そこへの意義ある反響を増加させるものとして考えられるべきである。十分発達した快感自我をもつ4歳児はいまだに行動自我であるか，あるいは，それをもっている。行動自我なしには知識のさらなる成長はないだろう。と言うのは，社会的または論理的強制を受けていない，変容されていない快感原則は，ほとんど発達を導くものでは

ないからである。そのため，逆説的だが，象徴へのリビドーの投入はまず，発達における明らかな回り道であり，一種の退行ですらある。2歳から6歳の子どもは，たとえすでに感覚運動次元で相当進歩しているにしても，象徴的次元で論理的統御の枠組みを再構成せねばならず，ほとんどゼロから再出発しなければならない。このように象徴形成は情動の投入と知識投入の両方であり，それでも，この幼少期の最初の務めは知識そのものよりも情動のほうを多く取り扱わねばならない。

　ささいな例を挙げると，3歳児が車遊びをしているとしよう。感覚運動行動の次元では，子どもは壁や天井を歩いたりすれば床にすぐにも落ちてしまうということを十分承知している。だが，遊びや象徴的空想においてはまさにこうした位置に想像上の車を動かして喜んでいる。自己‐指向の願望は理解することを圧倒し，情動は知識の優位に立つと言うことができる。子どもは本当に知らないのか，あるいは，単に知らないふりをしているのか。子どもの態度に関する限りでは，この問は本質からずれている。子どもは自分自身の現実を構成することに関心があり，知識のことなど本当に気にかけていない。そしてもし気にかけても，想像による自己‐指向の空想において可能なものと現実‐指向の像において可能なものとを区別する手だてが子どもにはないだろう。6歳頃に達成され始める操作は，まさに自らの象徴的世界に或る論理的秩序をもちこむような位置に子どもをつかせる，知識の道具である。いまやそれは情動をしのぐ知識であり，さらに言えば，情動によって支えられた知識である。

　何と不思議な歴史であろう。なぜこのような回り道をした発展をするのだろう。結局は捨て去られ，押さえつけられねばならぬ，ゆがんだ象徴的世界を築かねばならないということの意味は何なのか。次章からはこの問題を検討することにしたい。

幕あいでの予備的要約

　分野を超えたさらなる探求へと進むに先立ち，ここで前章までで考察したフロイト説－ピアジェ説の統合の概略を手短にまとめておくことにする。

ものと象徴形成

　誕生からの継続的な知識の発達において，子どもは2歳前後に，知ることの新たな論理的段階を獲得する。それは行動状況を知識のものとして理解し，このものを象徴的表現において心理的に現前させる能力である。象徴的行為（あるいは単純に，象徴）の三つの主な形態は，象徴的な身ぶりと遊び，象徴的な社会的交信としての言語，それに，内的な象徴表示もしくは心像である。これらの新たな獲得は感覚運動行動の拡大という発達上の結果であり，特に，同化と調節の増大した分化である。同化関係は行動主体の，すなわち「私」の経験の心理的源であり，かたや，調節関係はもう一方，すなわち「もの」の側における抵抗の経験に至る。両方の関係や方向は焦点と分化の程度を異にしながら，常に同時に存在する。感覚運動的知識は現存する行動であり，双方向的関係は行動主体ともう一方の人または物体との間に在る。新たな発達上の獲得により，新しい型の知識が，つまり目下の行動から

分離され得るもの，それゆえ，理論的または代理の知識と名づけられるものが，導かれる。これもまた，（知る）「私」と（知られる）ものとの相互の関係を当然含む。象徴形成においては調節により象徴的材料がもたらされ，同化により象徴的意味がもたらされる。

ものと象徴に投入されるリビドー

近代のものの概念は実際の物体と同義語になる程度まで非個人化され，価値が中性化されてきた。しかしながら，物体はそれがともかくも影響を与えられない限り，心理や知識とは無関係である。そして行動はすべて，主体，行動する（すなわち，同化する，および，調節する）能力，行動する動機とエネルギーを当然のこととして含む。生物的および感覚運動的行動にとって，動機は与えられた生態的状況に直接的に関係する。同化（リビドー）拡大の原則と，苦痛回避（生存）の原則が働いている。だが，象徴的行動に関してはこの直接的結びつきはもはや役立たない。それは動機づけの要素が物質的状況自体にあるのではなく，「私」によってその状況に与えられた象徴的意味に存するからである。問題は，子どもはなぜ象徴化したいのか，また，何をそこから産出するのか，である。明らかにピアジェのものと象徴形成についての叙述には同化し得る外界を同化し拡大しようとする一般的欲動を超えた，エネルギーを出す原動機を補充する必要がある。これは彼の理論のなかで明言せずに仮定されているものである。ここに私は一つの非常に強力な生物的欲動の活力，つまり，リビドーが，ものと象徴の形成に連結しているとするフロイトの洞察をぜひとも受け入れたい。幼い子どものものとはただ，そこに - ある - 物ではなく，本質的に，自分の面倒をみる人との，さまざまで，しばしば対立的である大変激しい情動を含む，社会的な関係であるということに注目しよう。したがって，リビドーの投入の再演としての象徴形成は生物 - 状況関係の新しい形，つまり，個人的な関係を生じさせ，リ

ビドー的快感を心的産物に結びつけるという目的に役立つことになる。

快感原則とエロス欲動

　象徴的なものは他の人びとや外的現実，また内的論理にも強制されることがないため，心的世界を象徴の形態で構成することが初めはまったく快感原則の支配下でなされる。「私の‐ものが‐欲しい」は幼い子どもの象徴表示の適切な分節であろう。にもかかわらず，焦点はものに在り，分離した自身としてまさに経験され始めただけの「私」にではない。このように，快感は他者のなかに在り，自己のなかにではない。これはたとえ他者というものが，初めは，基本的に非社会的で自己中心的なやり方でのみ知られるにしてもである。エロス欲動は他者へ開かれ，ものという新しさを迎え入れ，望ましい世界を拡大する，一般的傾向に対してフロイトが命名したものである。この欲動はあらゆる生活現実に一定程度存在するものだが，長く個々の発達をとげることと，社会的文化的現実の構成において幅広い無限の開放性をもつことによって，人間心理における爆発的な力となる。

閉鎖原則と死の欲動

　無限の生物的開放性とは決して絶対的ではあり得ず，相対的なものにすぎない。エロス欲動には同様に基本的な，生物体の閉鎖あるいは保存への欲動が対応しているに違いない。フロイトはこれを死の欲動と名づけ，初めは他者に対する，究極的には自身に対する，攻撃および破壊と結びつけた。基本的な情動という点からはエロスは他者を愛することを，死の欲動は自身を恐れることを意味する。この二つの欲動は組み合わさって，生物体を維持し発展させるための動機的エネルギーをもたらす。相対立する欲動の相互作用は

葛藤，緊張，両価性，妥協を当然含む。知識においては，情動におけると同様，「闘うか逃げるか」対「仲間になるかさせるか」の間に不断の緊張がある。エロスはピアジェの用語では構成的同化，つまり，どんな形をとるにせよ，新たなものを組み入れ，拡大し，構成しようとする欲動に相当する。死の欲動は同化の別の形態，つまり，人を他者の影響から閉め出す制限的な同化に相当する。幼児期はエロス欲動とそのリビドー的な構成的同化が特に優勢であり，したがってこれは幼児の発達の普遍性である。これは後の大人の発達で進行が個人的，社会的のいかんにかかわらず，ずっと緩慢で，より間遠であるのと対照的である。人間の知識は個人間の関係のように（両者がその前提条件であり，構成要素であり，共同-構成結果である），生きたものであって，静止していることはできない。だから，知識の拡大とは単に外部から加えられるものではない。論理的操作は，それ自体論理的終結の機構ではあるが，社会，文化，芸術，科学を発展させることにみられるように，人間の知識の無限の開放性の基礎を確立させる必然的な錨を提供しているのである。

原抑圧と無意識のイド

　最初の論理的操作の終結がなされる6歳頃に，もう一つの終結が完了しようとする。それは，子ども自身の欲望（快感原則）と限られた知識とに従って2歳から6歳の間に構成される，幼児期の私的な象徴世界に関するものである。エディプス神話に劇的に表現されている，両親に対する二重性をもつ不安定な情動を暗に指して，フロイトはこれをエディプスの世界と名づけた。その構成はエロス欲動の目立った業績であるが，6歳頃のその最終的な破滅は防御し保存する欲動の表明であり，原抑圧の形態をとる。結果としてエディプスの世界は各人の心理のなかには残るが，もはや意識にのぼることはない。それはフロイトが無意識のイドと名づけたものの内実を形成し，人

の一生を通じてほとんど不要のままにとどまる。自我という新しい意識がいまや操作の終結を初めてなしとげたのと対照的である。イドは無意識の欲動のエネルギーの偉大な貯水池であり，成熟した社会的関係および個人間の関係を達成するのに，また，その異なる形態における人間の知識を構成的（つまり，拡大的）に使うのに，必要不可欠なものである。イド自体は良くも悪くもなく，人間心理に欠くことのできないものであり，人間がしていることなら何でも，最悪のことも最善のこともすべてを，部分的に（決して全体的にではなく）説明する。イドは全体的には無意識的に働くが，そこから派生したものが前意識的および意識的な自我に出現してくることがある。通常は夢，空想，芸術作品にみられ，また，あらゆる個人的-社会的関係に，また心理的な機能障害や異常性（二次的抑圧）にもみられる。

意識，論理，および社会化された自我

　論理的必然性を経験するということは論理的操作の終結の心理的な側面である。これは知ることおよび意識の新たな段階，すなわち，明示的な操作（ピアジェの言う具体的で形式的な操作）の段階である。原抑圧とイドの形成に加えて，自我は親のいる家庭を超えた，より広い社会的世界へ意識的に開放するなかで確立される。快感原則は現実原則へと変形され，そこでは現実とは主として社会的現実を意味する。無意識のイドが子どもの私的な象徴的表示（象徴的遊びと空想）の継承者であるように，意識的自我は子どもの共有される象徴的表示（言語，規則のあるゲーム）に加えて，共有される感覚運動行動および予備的行動に由来する。共有するということは「私」が他者に積極的に個人的な関わりをもつことであり，また，その逆でもある。これは感情のリビドー的要素と，（視点の）調整という論理的要素とを含む。原抑圧が自我の情動を社会的規範に結びつけられるように解放する一方で，論理的操作は同時に，自我が自律的で道徳的に（すなわち，社会的に）責任

を果たし得るようにさせることができる。

　以上6点に要約される心理学はピアジェとフロイトの著作を私が読んだ結果に基づいている。私の説明が他の解説者によるものとはしばしば相当ちがうことに私は気づいているけれども，私の解釈がフロイトおよびピアジェの精神と矛盾しないものとして十分是認されるはずだという自信はある。原著からの頻繁な引用部分は，必要に応じ，この点を強調するのに役立つはずである。以下の章で，心理学からだいぶ離れた領域に入ったときには私は議論の内の或るものが推察的性格をもつことを認めるにやぶさかでない。次章からの3章で考える二つの経験的問題が証拠の大部分はまだ得られない，結論を出すにはほど遠いものであることに読者は気づかれるであろう。ここでは人間化の歴史と生物進化の機構とに言及する。他の二つの問題，すなわち，論理的必然性と道徳的規準との現実および起源は率直に言って哲学的なものであり，こうした問題を解くためのどんな試みも個人的態度に大きく依らざるを得ない。

　第5章で，人間の知識はもともと個人間の関係への適合として，また，反応として，発達してきたものとして叙述される。高等な動物の性的特質によってすでに相手および力関係の選択において，有限の遺伝的な開放性が導入されているし，また，この特質自体，社会適応性の方向へのさらなる進化に向けて寄与しているとみることができる。人間化において性的特質は本能的行動からは十分に分離されて，個人的関係の共‐構成における動機的な力となった。とりわけ，先のフロイトとピアジェの統合のところで提唱したように，行動‐分離されたリビドーは行動‐分離されたもの知識というコインの動機的な側面である。人間の幼児期は大人の個人的また社会的関係が築かれるもとになる前意識的また無意識的な基盤にとって，発達上の避けて通れない時期である。

　第6章では，象徴形成はこうして，それ自体終点として，個人間の現実の根底に横たわる基本的な心理的構成であると推定される。一方，論理的操作

はこの象徴的知識を社会的に調整させる必要に応えて発達したということができる。事実，理論的な「客観的」（手段‐目的）知識は論理的操作と社会的協力という，二つのたがいに関係し合う要素を基礎として成り立っている。操作で前提とされる論理的必然性はまた，人間の知識の発達の無限の開放性を導く前提条件でもある。論理がまず第一にどのように生物に入ったかという問に対して，ピアジェは論理が不適切に，進化の歴史の偶然の産物として概念化されていると主張する。そうではなくて，進化の歴史的過程自体が偶然性と必然的な論理的調整の両方の開放性に従うべきものとみられねばならない。こうした大局観においては，人間心理の論理的必然性はあらゆる生物の同化に暗黙裡に含まれている論理から直接派生するものである。

最後に，第7章で，操作は，自己が同等のレベルで考慮を払われる他の「知る者たち」の共同体へ社会化される限りにおいて，自己にのみ属すということが示される。あらゆる道徳，特に操作の道徳的使用は人の共同体へ属そうという暗黙の意図に基礎を置いている。しかしながら，この意図は，幼児期に初めて象徴形成を動機づけた個人的なリビドーと委託とにより作られる。

客観的知識はすべて，主観的な無意識の空想と欲望に必然的に結合しているという，本書のような結論を出している論考では，紹介事項に関し，美学的完結性のため以上にならいざ知らず，経験的証拠のために弁明する必要はないと思う。これから述べることは今までの筋道に十分沿ってきていない読者のことは納得させることがないが，上の要約に意義を見出した読者には，進化と知識の哲学というより広い文脈で知ることの心理学を熟考することによって，私もそうであったように，役立つものとなろう。

第5章
象徴：人間化への鍵

　第2章でもの‐形成および象徴‐形成は感覚運動行動の知識をまとめ上げて延長させ，行動の境界を超えて行動‐分離された心理の領域に運ぶ，発達的に獲得されるものとして叙述された。つまり，この，2歳前後の時期に行動‐分離された知識，あるいは理論的な知識は本来もつものを手に入れる。それでも，この年齢の子どもにはこの新たな知識の能力に適した最も基本的な統御さえできない。当然の結果として，この新たな心理的世界を構成するために唯一指針となるのは個々の体質および行動習慣をもった，固有のものではあるが，かろうじて発達した自我である。これは子どもの面倒をみる人との感覚運動の相互作用の過程で獲得されるものである。弱い自我の背後には，しかしながら，情動（または感情）があり，これはたいへん強烈なものであり，また，この頃までには，かなりの多様性だけでなく，本気で闘う傾向ももった情動となっている。同じものが恐れられ憎まれると同時に，愛され，満足の得られる根源として極端に近寄られ，別のときには「私自身にそれをさせるように」と，きっぱりと押しのけられたりする。実際，あるときは愛され，別のときには恐れられるこの人が同じものであるかどうかについては子どもはまったく確信がない。子どもは情動的にのびのびした状況ではものの不変性について知識があることを示すのだが，情動的にこみ入ったり衝突のある状況では，M. マーラーら（M. Mahler, et al., 1975）がものの

情動的恒常性と呼ぶものを身につけるまでにはまだだいぶ時間を要することになる。

　第3章と第4章では，夢と空想という象徴的世界の根底に在る幼児の願望についてのフロイトの教義があらゆる象徴的活動の陰にある動機の基点をみつけるために再検討され，説明された。ピアジェの言う構成的で拡大的な同化の欲動はフロイトのエロスの欲動と等しいことが示された。さらに，フロイトの死の欲動でさえ保存や限定的同化と結びつけられた。そこで，象徴形成は知識活動であるのと同程度に情動的活動とみなされ得る。同化を拡大させるのと同じときに，エロスを一体化するという構成的方角の働きも果たす。

　こういう考えが生まれる。すなわち，ちょうど発達的には個人が以後のあらゆる発達をするうえで跳躍台になるのと同様に，人間心理の生物的独自性がそこから出てくる水源としてこの象徴機能に焦点をあてることはこじつけになるだろうか。象徴化が種の特色を示す偉業であると言明されるのはこれが初めてではないだろう。しかし，象徴化はそれがなされたとき，その知識要素にきびしく限定されてしまった。だが，現在の文脈では象徴形成はもっとずっと包括的な意味をもつ。それが意味することは性的特質の，これまでの子孫を作り，育てるという普遍的な機能からの分離，および，この自由になった性のエネルギーを象徴世界の構成に投入すること以上でも以下でもない。

　リビドーのない象徴はほとんど役に立たない。それは単純に，本当の物ではない。チンパンジーのワシューや他の訓練を受けた霊長類の身ぶり言語が真に象徴的であり，単なる感覚運動的な合図信号によるコミュニケーションではない，のかどうかと議論するのはくだらないことである。霊長類が交信をすること，また，定義次第では，ある流儀でものの不変性をとらえて象徴的理解をするという寸前のところに在ることは争う余地なく観察される。しかし，同様に明らかなことは，霊長類が性的特質を象徴に向けて投入する傾向を示さないという決定的事実である。その結果，人間の子どもにとって言

語の習得は心理的な性的特質，つまり，行動 - 分離した心理と結合した自由な性的特質，の滑り出しの一部であるのに対し，チンパンジーにとって，それは性的特質にどのようにも作用しない，学習された内容の問題である。人間には必然的に性的，論理的な成熟と，その個人間の関係，社会関係への反響に資するものがあるが，私たちの進化上のいとこ分のほうにはその対応物がないのである。

　しかしながら，個々人の発達の歴史が性的特質（フロイト）と論理操作（ピアジェ）の成熟にとっての前提条件であると主張することは必要なことだ。しかし，人間化への進化の過程が同じ道筋をとったという主張を支持するために私はどんな証拠を提出することができるだろうか。これは明らかに先行諸段落が暗に意味するものである。この場合の証拠とは間接的で推論的なものでのみあり得る。進化の進行を「証明」するのに発達心理学を使うのは実際ばかげた話だろう。にもかかわらず，進化と発達はともに生物学的過程であり，これらが新しさを構成するということは是認できるものとして言ってよい。もし発達において性的特質ともの知識との結びつきによって新たな心理学上の人が生まれるとしたら，人間生活の最初期の形態に特徴的な，性的特質と知識の姿を変えた構造のなかにこの結びつきの起源を捜し求めることは当を得ているのではないだろうか。

　驚くほど似た意見が，偉大な科学者でもあり，道具的な，科学的知識の限界を知っていた，過去の偉大な現実的哲学者によって出されている。人間の歴史の始まりについて推察し，カントは200年ほど前にこう書いている。

> 人間はまもなく次のことを発見した。すなわち，動物においては一時的で，ほとんど周期的な刺激に基づくだけの性的誘引が，人間にとっては時期が延長され，さらに，像の能力を通じて強化さえなされた。……拒否とは感覚的なものから精神的な誘引へ，単なる動物的欲望から徐々に愛へと移る，そして，これとともに快楽の感覚から美への嗜好が，まず人のなかに，結果として自然のなかへと移る工夫であった。(Kant, 1786, 6：89)

個人的関係に適応した人間心理

　人間の進化的新しさについての探究は，もし人間という種がそれに適応した進化がどんなものであるかについて同意が得られるとするなら，確実にもっと堅固な足がかりのうえに立つことになろう。この問は人間知識の生物学的な道具と考えられる人間の脳に関して言えばたいへんよく当てはまる。その原初的な生物的機能は何か。どんな問題に応えて，それは人間の形態にまで拡張したのか。この動物行動学者の問に対しては，彼らの一人の返答に耳を傾けるのが適切である。

　ハンフリー（N. K. Humphrey, 1976）は，霊長類の脳と知性の主な役割が新しいやり方の発見とか道具の製作というような，物理的環境に関係する実際的工夫に在るというよくある答に不満であった。霊長類のその日暮らしの形跡は活発な知的生活のイメージとは矛盾するように思われた。まれにある，何か人工的な機会とは別に，霊長類は初期人類の直接の先祖を含めて，狩猟と採集の生活様式を確立した。「そのなかで，おそらく一千万年くらいの間，彼らは身体的にだけでなく，知的にも怠惰である余裕があったはずだ」。しかし，すると，この言明は生存の価値という最も基本的な進化の原理に対して目にあまる矛盾とはならないだろうか。霊長類の知性とはもし道具的知識の発見でないとするなら，何のためのものであろうか。

　この点に関して，ハンフリーは霊長類の社会生活に心を向けた。それは幅広い大量の生活必需品の出所と社会的戦術とを文化的に伝えるための手段と，また，個体の学習と発達を保護する環境を供給する。彼の言を借りれば，「創造的知性のおもな役割は社会を団結させることである」。一見何の変哲もない檻のなかの8匹か9匹のチンパンジーのグループを観察しているとき，彼は「突然新たな目でその光景を見た。……サルたちはたがいを操り，探り合わねばならなかった。社会環境によって，今行われている対話的な討

論に参加するのによい，これほどはっきりした機会が与えられているとき，彼らの知性が死を迎える危険はあり得ない」。霊長類の脳は彼にとって「社会生活の複雑さへの適応として発達した」ように思われた。生存の原則はもちろん置き去りにされてはいない。それどころか進化は，長い幼児期は生存の抑圧から解放され，そして若い世代は年長の世代へ結びつき，間接的に生存の可能性を増大させるという地点へ到達しているように思われた。「良かれ悪しかれ」とハンフリーは結論を述べた。「原初的に社会的な問題－解決に合わせられた思考の方式は人と他の霊長類のふるまいを，無生の世界に対するものでさえ，特質づけるものである」。

私はこの進化の方向が持続し，人間において大変な飛躍をみることになったということを提起したい。

> アウストラロピテクスからヒト属への移り変わりに伴い，生活様式に関して全進化中，最も興奮する，まったく予想もしなかったことが起きた。これが，社会形態についての概念的気づき，社会的諸関係の概念化，および進行中のふるまいを分類するための驚異的努力の出現であった。人の出現とは本質的にはすでに相当複雑な社会的存在であったものについて自ら－気づくところへ来たということであった。そしてこの概念的気づきのところへ来たということは，人がまずサバンナの環境を，そして，後には世界の残りの部分を人に支配することを可能にした，決定的で基本的な適応であったと私は考える。これによって人はヒヒ的社会の顔と顔を合わせる体制に頼らずに，社会関係のまったく厳密で整然とした型を身につけることができた。これは開かれた土地へ人が適応する鍵であった。すなわち，自己とその群れ，その構造と役割について概念化することによる社会関係の意識的な秩序づけ……。ホモ・エレクトス（原人）の最高の脳はたぶん石器とか火の使用に没頭せずに，……むしろ，痕跡の残っていないもの，社会学的なものに向かった……。前人類から人への本当の変化を特質づけるものは，まさに存在する社会関係の概念化と，たとえば語という象徴的な

「道具」を使ってそれを明確に形式化したことである。こうして人は何千年もかけてその社会を形造り，構成してきた。人は自らがそのなかに生きる価値と規範の直接的基盤を自身で創り出した。(Reynolds, 1976：57-65)

　この人類学者の議論の重要な部分は下線をつけておく必要がある。すなわち，概念化が社会形態を創り出したのではない。高等なサルの相当複雑な社会共同体はすでに存在していたのである。レイノルズは概念化がもはや顔を直接合わせることにたよることのない，象徴的関係づけ，象徴的秩序づけを可能にしたと主張する。しかし，人間がそれにより自己と社会集団を構成したと言われる，この概念と象徴の能力とは正確には何なのか。社会的関係は人間の頭脳がそれへ適応するための最初の課題であるという叙述を目にし感嘆せずにはいられないが，それにもかかわらず，人間の社会的関係の特定の質に対し，成人の概念的思考や言語を因果的説明として使うことに私は不満を感じる。これらの達成はもちろん大人の人間関係の不可欠な部分ではあるが，人間社会への説明と同様，多くの説明が必要である。
　ローレンツ（K. Lorenz, 1973）が人間知識の自然史に関する論考で概念的思考の起源として知覚的抽象作用，視覚的定位，内容学習と記憶，自発的運動，好奇心，模倣，伝統という，生物の知性の前形態を 7 項目挙げたとき，読者は強い印象を受けたはずだ。しかし，人間の概念能力がこの 7 項目の統合であり，進化的なひらめきにより生じたというこの主張を発展させることは言明された人間の独自性を理解するのに役立つことにはまったくならない。ローレンツは人間の知識がどれほど多くの違ったやり方で前人間的知識の形態と比較し得るかを示し，ここに生物的行動の論理があるとするピアジェの主張を支持した。そしてすべての人が高等な動物にはコミュニケーションの形態と伝統があるということを認めている。
　しかし，決定的な違いはどこにあるのか。私はローレンツの統合とかひらめきのような概念上の違いを尋ねているのではない。これらは必然的に随意的であり，不完全である。7 項目のリストは違った見方もできるのであり，

項目を少し増やしたり減らしたりできる。私はもっとずっと具体的なことを問うているのである。すなわち，私たち人間の祖先の日々の暮らしのなかにどんな新たな，違ったことが起こったと考えられるのか。文明の早期の礎を研究したマーシャック（Marshack, 1972）のように，私には「突然に」は納得できない。或る日，そう，50万年前に，或る人間の集団がどことも知れぬ場所で概念的に考え，ことばを使って会話をし始めたなどということはとても考えられない。

　しかし，この要求は神学者が妊娠期間のどの時点で神が不滅の魂を育ちつつある生き物に注ぎ込むのかを知りたいと望んだことに比べれば，不穏当なことはないのではないか。いや，まったくそんなことはない。これは難解な問ではなく，発達に関与する誰にとっても身近なものである。個人の発達にもまた「突然に」はない。が，このことがふつうの人が真の新しさと質的な違いとを受け入れるのを妨げることはない。（私がふつうの人と言うのは老練な学者たちのなかにこれをほとんど否定する人がいるからである）。「歴史あるいは歴史以前をいかに遠くまで遡ろうとも，子どもは常に大人に先行してきた」と，人間の知識に関する最初の徹底した発達主義者であるピアジェは言った（Piaget, 1946：211）。幼児期は（プログラム化される前の行動調整と対照的に）個人の発達に匹敵する。そして，子ども時代とそれが当然含むものとは，他の動物でなく，人間に至らしめる，観察可能な具体的特徴をもつものの候補と十分同じである。

　これは多くの，実にほとんどの高等動物に幼児期がないと言おうとするものではない。だが，それは範囲と期間がひどく限定されている。感覚運動の発達の段階内にとどまっている。性的成熟の時期を超えて続くのはごくまれなことだ。それ以上に，好奇心や遊びの探求はすべての高等動物の幼児期に典型的なものであるのに，この傾向は動物が性的成熟に至ると突然弱くなり，あるいはまったく消去する（Lorenz, 1973：276）。また，幼児期と人間の条件に関するもう一つの意義ある要素がある。人間の幼児期だけが例外的に長く，発達上，獲得するものが最も広範囲に及んで生産的なのではなく，

全ヒト種が全体として重要な点で「子どものよう」なのである。ラバールはこの幼児性が残る状況を幼態成熟と呼んだ。これは解剖学的特質（人間の頭蓋骨が遅くに閉じること）においても，また，たとえば，性的成熟に達したずっと後まで家族やグループに（象徴的に，また，情動的に）永久に所属する，遊び好き，無限定の開放性など，行動の型においても，そうだとした(LaBarre, 1954)。

もし，性的成熟がほとんどのヒト種で幼児的態度の終わるきっかけになるとすれば，性的特質の変化は幼児期の発達の本性の変化のように目につくはずだということになる。最も明らかなのは性的能力が生物学上の排卵周期に縛られないということである。このことが，直立歩行に基づく解剖学的変化とともに，人間の性的活動を本能優勢の行動調整とまったく違うものにすることを可能にした。初期の人類の化石を調査した人類学者の最近の見解では男性優勢の見方において習慣となっていたものよりはるかに積極的な役割を女性の性的能力および子どもの養育に対して与えている。そのなかの一つによれば，男性と女性の協力を基礎とした女性による再生産の作戦と相手選びとが人間の進化をおし進める力となったという (Fisher, 1982)。この協力は子どもの協同養育をも含んだ。個人の社会的関係を支持して本能の従属を強調するもう一つの新機軸は植物性食料の分配，すなわち，その場で消費するのでなく共同社会の一つの食事場までそれを運ぶことであった。

もし社会適応性が霊長類の頭脳と知性を進化させる原初的な「機能」であったら，人間化は同じ方向でのさらなる特殊化や強化として理解しうるものとなる。私はここでこの強化が知識また性的特質における変化とともに起こったということを提唱しよう。最初の変化はもの知識に関するものであった。それはおそらく「すぐそこには他の人びとの世界があり，私はその世界の一部だ」とぼんやり気づいている以上のものではなかった。この知識は大人の論理的で明確にされた概念のどんな意味においても「概念作用」としての資格はもたない。それでもなお，それは，「個人的な」という形容詞がふさわしい社会的関係を可能にする，というよりは，その関係にとって必要な

条件である。なぜなら，芽を出し始めた知性の「もの」とは私という，これも人である存在が，強い感情をもつ相手たちだからである。それは本のなかの定義や叙述のような静態的で精神的なものではない。それは他の人びとであり，私が相互に作用し合える相手であって，ちょうどその他人のこちら側にいる活動的な人として自己がぼんやり認知されるようなものである。もし，これが先に引用したレイノルズが概念化という語で意味するものなら，私は彼に従うことができる。ここにみられるのは行動関係から個人的関係への進化的な飛躍的発展であり，或る意味でこれは個人の誕生である。

しかし，これは話しの半分でしかなく，もし重さを量るなら，軽いほうの半分である。知識が目下の行動からの解放であるということは，生物が同時にこの新たなるもの知識に配慮してエネルギーを投入したのでなかったら，意味がないだろう。本能が噴出することは，先に述べたように，原初的に知識の解放に関係する。そしてピアジェとローレンツはものという観念をこの意味で使ったのである。しかし，明らかに本能的行動は常に生物の本能的エネルギーに縛られている。知識の解放はそこで，エネルギーの解放とともに進まねばならない。

動物の種の再生産本能は本能的な行動-調整とかなり緊密に結びついている。それは選択，対形成，巣作り，交配，出産，養育，および子どもの保護などの全循環をおおっている。これら全行動は性的本能の厳しい統制下にあるが，これは相手の選別の際，ある程度の自由と個体的選り好みをもつ，より高等な動物であっても同じである。種の保存の必然性を考えると，進化にはどうやら知識と本能的エネルギーの投入とにさらなる自由を与える余地はなかったようだ。にもかかわらず，すでにみたように，自由への窓は社会順応性の方向に開いていた。進化という事態もまた同じ性的本能の状況のなかで行なわれたということに留意しよう。性的交配は新たな遺伝型を生産する生物的基盤を供給し，子ども時代は新たなものを探求して試みるための好奇心と屈託のなさをもたらし，性的選択は一つの表現型を選びとるための機会となった。そして，新たな行動調整（あるいはその生理学的もしくは解剖学

的道具）が再生産の成功を増大させるのに力あるとされたところでは，遺伝的な再構成によって，改良されたひとまとまりの遺伝子が安全に伝達されることが保証された。

　神経系が進化して複雑になるとともに個体の学習が動物の知識装置の一部になったことに気づいて，ローレンツは，個々に獲得した情報に対する，遺伝的プログラムの相対的割合は多かれ少なかれ恒常的にとどまってきたという結論に達した。「地球の歴史の厖大な期間を通じて，バクテリア以下の原始生物から私たちの前人類の祖先が進化してきたとき，ゲノムの分子鎖は知識を保存し，適切な投入によってそれを拡大するという役割を担った。そして地質時代の最初期が終わろうとする頃，同じことを，しかもより早くより良く行なうよう設定された，まったく異なった有機的体系が突然出現する」(Lorenz, 1973 : 217)。

　ローレンツがここで適応的知識を保存し拡大する新たな生物的体系と呼んだものを，ピアジェは「本能の噴出」と述べた (Piaget, 1967)。この二人の生物学者はこの新機軸を中枢神経系の統御，方向づけされた運動の自由，および社会的協力における増大がたいへん顕著にみられる進化の潮流の頂点とみた。ローレンツはこの進化を通じて本能的欲動が個体の学習より優勢だったと指摘する。

　特に学習に関して，ローレンツがみごとに実証したのは，個体の行動を適応的に変形させ得る積極的な補強がいかに根底に在る生来の欲動衝動を必要としているかであった。言い換えれば，特定の応答の訓練はその動物が新たな内容を生来の特定の行動欲動の開放的プログラムに同化し得る限りにおいてのみ首尾よく行く。この関連で，再生産的本能にかかわる行動は押しつけられた変形を不思議に免れる。動物においては明瞭に，性欲動は実験には利用できない。不利な生物学的環境によってそれは疑いもなく押しつぶされ得る。ちょうど動物園で檻に入れられた動物に交尾したり子どもを養育したりするのに適当な欲動（また能力）を欠くことがみられるような不幸な経験と同じである。にもかかわらず，社会順応性の比較的開放的なプログラムがま

さに性的本能の領域内に存在する。ここで私は個体の知り合いと学習とが不可欠な役割を果たす社会グループ内での力関係の統御と性行動の相手の選択とを引き合いに出そう。ここには二個体が結びつくことの明らかな始まりがある。この結びつきは進化的拡大の見込みのあるきっかけであると同時に，種の保存に役立つよう方向づけられたものである。このように性的本質は種の一個体を，種のもう一方としての，別の個体の方向へ向ける欲動である。双方を性行動の相手とし，幼い動物とその養育係とからなる家族という社会集団の協力的成員とするのである。

　私の推察は人間化が社会順応性の傾向を継続させ，或る個人の学習と経験にまですでに開放してきた遺伝子のプログラムによってこの地点にまで進めたというものである。しかしながら，その開放は遺伝的な性的欲動の統制下に直接置かれた行動の範囲内にとどまった。性的エネルギーは性的もしくは再生産関係の行動以外の何ものにも投入されなかった。人間においては，性的欲動のエネルギーという新たな生物個体を構成し，拡大するものが，その直接の生物的目的から離れ，社会的関係を満たす象徴的再‐表示への投入ができるようになった。これが第4章で考察したように性的エネルギーの拘束である。これをフロイトは象徴的産物の根底に在る新たな動機的な力として快感原則と結びつけた。高等な動物の求婚期間中，たいへん生き生きと示される，特定の他者への情熱的な関心は今や異なったレベルで，また，目下の性的行動を排除する生物学的環境において再演される。あらゆるものがそこにある。すなわち，全般的な身体的興奮，他者への関心，他者に向けられる強い欲求，「私の‐ものが‐欲しい」。だが，その他者とそのものは象徴的レベルで，心理的現実の新たな形態の一部として再構成される。

　前‐人間的状況では進化において社会適応性が選択されたのは性的欲動の目的に役立てるためだと言ってよかった。人間という種においては性的特質の自由化とともに二者の関係は反対になる。性的特質はここでは社会的協力という目的の役に立っている。私はこれが大きな転換点であり，また，人間の脳が社会的関係という環境に反応して進化してきており，それに特に適応

しているという主張が正当であることを証明するものだということを提起したい。これは明らかに固定された現実でもなければ，まして特定の物理的環境でもない。が，確かに，永久に変わり続けている個人の構成の世界であり，さらに，構成というものが社会関係を指していることを示して，社会的な協同‐構成の世界であると言える。

この点に私はピアジェの好んだ主張を一つ付け加えたい。彼が常に迅速を良しとするアメリカ人に特に向けて，何年かかかるゆっくりした発達として述べたことであるが，発達とは構成であり，生物による構成にはそれに適した時間がかかる，というものである。もし社会的関係が個人的構成を必要とするなら，明らかに幼児期と，若い世代の上の世代との継承的関係とは社会適応性の形成に不可欠なものである。実際，私たちはこれら二つの構成要素を欠いた社会的世界がどんなものかを想像することはできない。人間一人についても同様に，子どもが年長および同世代の他者とかかわり合う幼児期なしには考えることができない。

何年か前，人間関係というものをほとんどはく奪されて育った13歳の少女の事例が報告された（Curtiss, et al., 1974）。生後20カ月からその子はカーテンで閉ざされた部屋に一人置かれ，父親の命令で幼児用の小さな椅子にくくりつけられていた。父親はどんな騒音や妨害をも嫌っており，その子が何かの病気にかかって死んでいくと信じていた。父親は明らかに偏執病にかかっていたが，彼が死亡したとき，母親がこの子を病院へ連れて行き，それでこの件が発覚した。この子は極度に栄養不良であり，直立することも食物をかむこともできず，しゃべることも知らなかった。が，他の点では神経学的に健康であり，彼女の描く絵とことばを使わない検査とによれば，明らかに，精神的に遅れてはいなかった。

病院に短期とどまったのち，彼女は里親となった家族のもとへ，ことばとそしてなかんずく，彼女に最も原初的な基本すら欠けていた社会的関係を身につけるよう委ねられた。彼女の状況は叙述し難いものである。他の人びとの役割を知らないようであり，人に通じる形でほほえんだり，泣いたりする

こと，怒りや幸福感を示すことはしなかった，または，できなかった。一定の秩序に整えられた運動とことばの理解とに，著しい，とは言え，限りのある，進歩をみせた。が，彼女の例は，言語の問題をはるかに超えたものであることが明らかだった。彼女を回復させようと幾多の努力が重ねられたが，約3年後それは終り，彼女は或る協会の保護の下に入った。ほとんど生まれたときから人間関係とそれに伴うコミュニケーションが欠落していたため，この若い女性は一人の人になる機会を失した。このような基本なしには彼女の知性や言語知識はほとんど役に立たず，これらに対する訓練も人でない人 (a nonperson) を人 (a person) にすることはできなかった。

　彼女の運命は生まれたときから耳が聞こえなかったり目が見えなかったりするような，はく奪の経験をしてきている子どもたちと，何と違っていることか。ヘレン・ケラーに限らず，他の多くの人びとが，たとえ幼児期初期に視覚を失ったり，社会活動にかかわる言語を利用することができなかった場合でも，精神的に健康な大人になっている (Furth, 1973)。さらに注目すべきは腸の奇形（胃壁裂溝）を先天的にもって生まれた15カ月の幼児の場合である。静脈注射による栄養補給を続けているため，リジイは個人的な愛着を確立するのに或る学説では決定的と考えられている基本的経験を欠いていた。それは飢えの苦しみ，食物の楽しみ，満腹感，消化と排泄に伴う，ときとして張り詰めた感覚などである。しかし，彼女は精神的には健康な子どもであり，初めは恥ずかしがっていたが，やがては，母親が数分離れたときでもまったく気楽になった。食堂のテーブルの前で私の膝の上に座り，物を差し出すと，それで楽しそうに遊んだ。彼女は新しい動きを楽しみながら，私がどんなにおりこうか見て！こんなこともできるのよ，と言うかのようにほこらしげにテーブルのあたりを見回した。食物のことを知らず，食物を与えられるという経験もせずに彼女は十分発達した。ちょうど先ほど触れた耳や目の不自由な子どもたちが初期の個人間の関係と社会的および情動的コミュニケーションという不可欠の状況のなかで十分発達したのと同じようにである。これらの臨床的な事例から，ここに提出する，人間の特性，人間化

の決定的達成は個人間関係をもつ，社会的状況での幼児期の心理的な協同-構成であり，また，特定の身体経験や感覚経験をほとんど無視した，この状況に原初的に依存するという抽象的な主張を具体化することが可能になる。

幼児期と人間化

このように考えてくると，幼児期と人間化との関係に新たな光を当てて見ることが可能である。幼児期は概念的思考やことばによる思いの伝達のような，人間を独自のものにする実に重要な事共を得るために通らされねばならない単なる依存的な時期ではない。逆に，これらのことは人が形成される発達的過程の副産物とみなされるべきである。論理，手段-目的調整，コミュニケーション，社会適応性，このどれをとっても人間に独自のものではない。独自性は個人形成が象徴的性格を帯びる，象徴形成と性的特質との決定的に重大な結合に始まる。これは個人の発達に関し証明可能な事実であり，私は説得力のある実状が進化的発達に関し証明され得ると思う。私たちは子ども時代に性的エネルギーを象徴的世界を構成することに使ったときに人間に，つまり，個人になった。これはその前に個人間の身体的接触によって満足した経験に基づくものである。これが人類を独自のものとした新しさだと私は提起しよう。というのはこれが心理学そのもの，前-人類の生物学には存在しなかったレベルの現実，の誕生だからである。この時点以降，物理的環境は人間生物学のまっとうな環境，つまり実際の社会関係がそこで個人的関係に変形されるようになった象徴的現実，に比べてそれほど重要な意味をもたなくなった。

こうした象徴的変形がなぜ幼児期と関連しているのか，読者はまだいぶかしく思っているかもしれない。実際にそれが子どもの人生の初期数年内になされるということは認められている。だが，もっと説得力のある必然性はあるのか。私はあると思う。関連する二点を挙げよう。知識の観点からする

と，象徴それ自体は低次の知識産物である。すなわち，これは不変のものという論理以上のものを必要としない。高度に複雑な象徴体系と通例考えられているもの，すなわち，社会的言語に関してさえも，その獲得，少なくともそのより本質的な文法構造の獲得は，子どもが論理的反省ができるよりずっと前の2歳から6歳までの間に一番よくなされると言われる。子どもが7歳頃に習得し始める操作はまさに或る論理的秩序を象徴世界に入れるのに必要とされる道具であるということは前に述べた通りである。

　私の推論は次のようなものになろう。象徴的材料は人間がそれに応えて具体的で形式的な操作の論理的体系を構成するという機会をもたらすのに役立たねばならなかった。しかし，そのとき，最初の象徴は前‐論理的，または前‐操作的，つまり，大人のではなく子どもの精神に適したものでなければならなかった。この議論は論理的操作が生来的に脳にあらかじめプログラム化されていたり，日常の経験のなかから単に抽象化され，発見されたりすることはないと仮定していることを私は認める。そこで，残る唯一の可能性は論理的操作が象徴のように，能動的な人間知性の産物だということである。これはもちろん，今までの考察を通して概略が示されたようにピアジェの立場であり，また，残りの章でこれについてはさらに述べられるであろう。

　幼児期と象徴形成を結びつける第二の点はたぶん直観的にさらにはっきりしており，抵抗しがたいものである。象徴的現実を構成するときには，よく考えてみると，そこには異常なもの，狂気との境い目のものがある。哲学者スーザン・ランガーは象徴的儀式を習慣と考えたとき，この点について，うまい説明をした。

　　それは絶望的に生命の保持と増進に不適当である。私の猫なら鼻を曲げ，それに尻尾を向けるだろう。本性を統制する誤った試みとか誤った神経細胞の結果とか，または脳内の混線した神経回路などとそれをみなすことは，最も理性的な動物を誤った泥沼にあまりにも深く置き去りにするように私には思われる。もし物理学を知らない未開人が山の岩穴を開けようと

してその周囲で踊り回るとしたら，心理学者の迷路のなかのどんなねずみもドアを開けるのにそんな明らかに非有効的な方法はとらないということを私たちは残念ながら認めねばならない。そのような経験は失敗の憂き目にあいながら，何千年ものあいだ続けられるはずがない。魯鈍の人間でもこれより早く知るはずである。(Langer, 1964 : 41-42)

　人間との境界にいたるまでのすべての生物に優勢である生物的行動という見地からは，象徴的現実自体は純粋に無意味である。人は空腹なら，食物を捜し，食べる。怒ったときはその怒りの源に関して何かをする。どちらの場合にも象徴的空想化や遊び心での劇の再演はどんな目的にも役立たない。実際，それぞれの感覚の生物的目的に対して反生産的であろう。ここで私は霊長類の知性について先に挙げた見解を繰り返すことにしよう。霊長類は象徴形成にとっての必要条件である，もの‐論理の獲得が不可能にみえるというよりは，直接的な身体的または社会的接触以外で象徴を使うことにまったくの無関心ぶりをみせるのである。

　このことを4歳児の遊戯活動での情熱的な関心に比べてみると，現存の行動現実と象徴的現実との違いがほぼつかめるであろう。子どもは満足する経験を象徴的に再‐生することに無限の喜びを得たいと欲し，それを得て，現実をこの欲望に同化させる。霊長類に欠けているものはこの欲望である。なぜそうなるのか。性的欲動は他の一個体と結びつきたいという欲望であるが，これが象徴的他者の構成には向かわず，生物のよき伝統として種‐再生産的行動の範囲にとどまるからである。

　進化は象徴作りという生物学上の新機軸を個体と種の生存という重大な仕事に気を取られている大人に導入することにはまったく成功しなかったようだ。象徴的遊びと無心な自己本位というぜいたくは幼児段階で始められなければならなかったし，大人の論理と性的特質が生物的要求を作る前に一つにまとめられなければならなかった。今や，フロイトが人間の性的特質の二面的発達について常に強調していることが発達の文脈のなかで真価を認められ

第5章　象徴：人間化への鍵　123

ることができ，幼児期は大人を作るのに必要な準備期間となる。フロイトの著作でもう一つ明らかになる点がある。彼は性的欲動に専一に焦点を当てたことでしばしば批判されてきた。標準的な返答は（やや率直さを欠くが），明らかに他の多くの欲動が人間には存在しているが，それらはこの理論には特別のかかわりをもたない，というものである。もっと適切な答が人間の発達とその独自の特性，すなわち，ものへの投入におけるリビドー‐象徴結合，についての目下の考察に示されている。

　先に私は私たちが人間化をどのように思い描けるかを尋ね，人間の幼児期という局面が一つの明らかな重大な変化であったろうと主張するところへ進んだ。先に引用したレイノルズの言のなかに最も初期の人間の最高の頭脳は社会学に没頭していた，とあった。これは事実かもしれないが，子どもたちが子どもとして社会的関係をまねて遊んだとき，つまり，子ども独自の子どもっぽい見方や欲望を，知らずに象徴的に表したとき，すべての脳が大人の社会を構成する活動に必要なものを準備した。この遊びに満ちた活動は目前の複雑な社会関係の状況の範囲内，および，のんきな依存状態のなかで，新たな社会学的および心理学的現実に先がけてあった。個人の深奥にある欲望，夢，価値，熱望，忠誠，偏見における心理学は，そこで，人間社会という新しい社会学の片割れとなった。この心理学と社会学の道具は各個人が幼児期にその源をもつ象徴的産物であった。象徴的儀式と慣習は社会とその伝統を結合させた。それはちょうど恒久的な記憶と理想がそれなしには個人ではあり得ない，各個人の一部であるのと同じである。

　マーシャックは象徴的物語を作り出して社会的に共有する能力を知的で社会的な主要な技巧，文明の根底に在る原初的な人間化の道具と技術，とみなした（Marshack, 1972）。物語とは再認する記憶とは対照的に，過去を現在に積極的につなぎとめ，前もって現在を或る未来の時間の過去として扱うことができる記憶，再生記憶の第一の例である。この時間のつなぎとめという質はものと象徴形成の直接の結果である。しかし，知識要素は別にして，再生は思い出された事柄を欲望されたものとなすために，行動‐解放された性

的特質のエネルギーを必要とする。フロイトが「自由な」連想のようなものはないという考えを確立してからほぼ1世紀経つが，私たちは過去の話を瞬時意識することを，今日でなければまちがいなく幼児期に熱心に欲望したものとしてよりも，頭のなかにまったくたまたま浮かんだこととして説明することにいまだに満足している。

　それゆえ，マーシャックが考えていた物語はこうした幼児や年若い人びとの欲望を満たしていたものを象徴化したものである。彼らは火の作り方，狩や採集，季節の移り変わりについての言い伝えに耳を傾け，楽しそうにそれを再度演じた。そしてマーシャックによれば，彼らは成長したとき，これらの物語に特有の表現で身体的出来事や社会的な相互影響の重要なパターンを認識することができた。この言い回しを使ってマーシャックは種々の生物学的レベルでみられる感覚的進化の達成（たとえばパターン知覚とパターン組合せ）と，命のない世界をさえ人格化する人間の性向との決定的な違いに言及した。本章の初めのほうで引用した学者たちは同じ点を強調した。読者に再び思い起こしてほしいことは先述の「もの」という語が個人的な愛着のものを，また，本書のことばで言えば，性的エネルギーを投入する相手である象徴化された他者を，意味するということである。

　芸術に対する評言をここでいくつかするが，これは象徴と性的特質――目下の行動調整から離れた知識と欲望――との重大な結合が進化の文脈で考察される本章へのふさわしい結論となるだろう。芸術はしばしば高度に発達した文化にのみ許される，生存というケーキの装飾的な糖衣のようなものとみなされる。原始人が貴重な時間を一見して役に立たない活動にむだに使ってしまうということは，何か私たちの偏見ある原始人（野蛮人！）の絵図には合わず，教育を受けた人特有の感受性を彼らにあてはめることはためらわれる。この難しさは部分的には，芸術とは何かという定義とか，それは非芸術とはどう違うかというようなことはさておき，私たちが十分な叙述法をもっていないことにある。しかし，考古学者が2万年前，あるいはそれよりずっとずっと古い時代の洞穴にさえ，すばらしい画像や彫刻された個人の装飾品

また儀式用の品を発見したとき，芸術を文明の特殊化された局面と結びつけることはどんどん非現実的になる。むしろ，芸術，物を作り共有することにおける人間の喜びという感受性とそうした物を構成しようという衝動は人間心理のもの形成と象徴形成の不可欠な要素とみられねばならない。

　マーシャックは芸術と表記法を結びつける魅力的な考古学上の証拠を呈示する（Marshack, 1972）。これらの人工物は彼が「物語」と呼ぶものに関係しており，芸術がまだ物を作るということから分けられなかったのと同じように，概念的表記法がまだはっきり他部分と関連づけ（数学の体系のように）されていないときに産み出されたと彼は考えた。にもかかわらず，芸術は，機能的製作（たとえば斧作り），象徴的物語，儀式的催し，の構成要素であるか否か，あるいは単純に，私たちの感受性と調和するものを作る楽しみ以外の何ものでもないかどうか，にかかわらず，おそらく「もの」に結びつく新たな象徴的－個人的現実の一番明らかな例である。

　小さな子どもがエロス欲動の最初の開花に情動的に結合した，ものと象徴の世界の作り手としての自身に気づき始めるにつれ，美の経験は子どもの心理に入りこむ。これは4歳児たちの遊びのなかでの相互作用によくみてとれる。その子たちはすでに特定の感覚的形態を作ったり意図することに強い美的選択を示す。芸術の能力は文化の教育と一般的知識の発達によってそれを大人の社会的機能へと拡大できるまでは，保護された幼児期とそれを個人的－情動的文脈で養育することとを必要とするものである。このくらい幼い頃は個人的と非個人的との間にはまだはっきりした区別はない。むしろ私たちは初期の象徴世界全体を根源的に個人的な（または社会的な）ものであり，非個人的な世界が後年ここから分かれ出るもの，と考えるべきである。いずれにせよ，生物的欲動が象徴的産物を構成し，熟視することを強く迫ることと，快感原則がそれ自体を目的としてそこで満足させられ得ることとは，性的特質と知識とが目下の行動の状況から解き放たれ，象徴の形成に結びついたことによってもたらされた，進化上の新機軸の広がりを指し示している。

第6章
象徴，生物学，および論理的必然性

　ここまでの考察は6歳の子どもの知識能力以上のところには至っておらず，しかもそのなかでも，焦点は第一に，遊び戯れる，個性的な，すなわち容易に人に伝わりにくい知識の形態に当てられた。ここでは個人的な情動と知識の結びつきはまったく納得がいくようにみえたかもしれない。しかし，これは，科学と数学に典型的に代表されるような知識を明らかにすることを哲学者や学者たちが意図し，幼児の，知識の前－形態をわきに置き，最終結果の範囲内にとどめてつじつまを合わせたということが明らかな理由ではないのか。答はノーである。知識をその歴史的発達的文脈から切り離すことは，理論的抽象として正当化できないだけではなく，それ以上に危険な思い違いである。近代科学の時代に入ってから，合理的な理解は因果－歴史的探究のみが与え得る洞察によってどれほど促進されるかわかってきた。さらに，私たちは今日，理性とフロイト派の「合理化」とを分かつ線が明白とは決して言えないことを知っている。日常文化の一部になってきた精神分析的見方が原因で，私たちは，多くの意識的に言語化された意見が事実と願望（意識，前意識あるいは無意識かどうかにかかわらず）の解きほぐせない混合物であるはずだということを受け入れやすくなっている。

　しかし，大文字「K」の知識（Knowledge），科学の基礎である客観的知識はたしかに別のもので，反駁と証明のためのあらゆる保護手段をもってい

る。フロイトとともに私たちは「私たちの科学は幻想ではない」と大声で叫ぶ。科学の哲学者たちは，科学が勝利の征服を続けている間でさえ，科学的知識の本性を証明してきた。その発見を通じ，私たちは今ヒト種全体だけでなく，それに加えて，高度な動物の進化を育み，人間化の過程を準備した生物学的‐生態学的基盤をもうちこわす位置にいる。第5章で人間化への決定的特徴として取り出したことだが，目下の行動の文脈から知識と性的特質を解放することは，新たな種に，種の保存を超えたおそろしいほどの自由を与えた。この事実は今ゆっくりと，あまりにもゆっくりと，人間の意識のなかに浸透しつつあり，その革命的な衝撃は今までに起きた世界を震撼させるいかなる出来事よりも途轍もなく大きいはずである。

　もし読者が科学的知識に関し，それを意見とは違うものとしている点は何かと尋ねるなら，一般的な答はそれは非個人的であること，それが私たちにそれについての客観的知識を与える事実の本性と同じくらいに非個人的だというものだろう。この形容詞「非個人的」はすばらしく人をひきつける性格をもっている。それは非個人的客観性，単に私たちの外部にあるだけでなく，私たちから離れた現実，私たちが単に従うのみで，否定的やり方を除いては貢献することのなかった真理という幻想を与える。事実，私たちのおもな貢献は私たちだけの個人的で，情動的に結びついた偏見と見方とをまさに追い払うことであるはずだと考えられる。科学的方法は，私たちがこれをしているということを保証するための，あるいはたまたま私たちが方法を誤り，思い違いをしたとき，他の人びとが私たちのまちがいをみつけ，悟らせるためにそれを使用することを保証するための，まぎれもない道具として受けとめられている。

　科学の，説得する内容がどんなものであれ，より洗練された見解は，前段落で述べられた意見の素朴さを強調するだろう。実際には，科学はこのようには作用しない。一般的には二つの事柄が受け入れられている。科学的共同体は，特定の歴史的文化とともに在り，この個人的‐社会的状況から少しも離れることはできない。それゆえ，科学的事実は決して絶対的ではなく，常

に相対的であって潜在的に変わりやすいものだ。客観性に近づくだけという科学についてのこの見方は，それが社会的条件に依存していることがわかる。社会‐生物科学におけるもう一つの同様に行き渡った見解では，客観的知識を人間の頭脳に局在する生得的要素に結びつけている。文化的影響はもちろんのこと，個人の主体性も神経学上の配置で知識の所産が決まるときは除外されると信じられている。遺伝的機構が外界に対応する生得の知識をもっているはずだということは単に進化的適応のもう一つの例として示される。客観性はここでは進化上の前‐適応と結びつけられる。

　私の狙いはこれらの見解を詳細に論議することではなく，単にそれらが暗に含む知識のモデルを検討するだけである。第一の見解は，まるで人間に触れられていない知識がすばらしい理想であるかのようで，落胆しつつ社会の関連性を受け入れるようにみえる。第二の見解は，脳内の生得の知識を記号化したものと種の環境への適応とは，客観的知識と真理の理想的なモデルを形づくるということを含んでいる。それではここでこれらのモデルを前方の段落でみた知識の「素朴な」モデルと比較してみよう。モデルとして三つの見解はたいへん似ていることに気づくだろう。すべて，以前の状態のまま存在する，独立した現実を心に描いている。したがって，客観的知識を外部の現実の（観念的に）本当の写しであるとする受けのよい見方がたいへん広く行き渡っているのは不思議ではない。人は皆，観念的に，人間の活動に影響されない知識，触知できる機械のように客観的で，現存種の存続のように事実に基づくものを望んでいるようにみえる。

　しかし，ピアジェにとって大人の客観的知識は，私たちの前にたまたま外部から来てあるものではなく，第一に，考える個人たちの，自己とあなたおよびあなた方との間での，構成的な関係である。となると，それは与えられた状況で生じる事柄のきまりきった，ないしは実際の結果ではなくて，その所有者に必然的で普遍的な制御を命じるものである。とりわけ，それは単にそこに存在する客観的現実の発見でもなければ主観的現実の自由な発明でもなく，本物の新しさを個人と社会とで共同‐構成したものである。すなわち

新たな現実を構成する性質をもつ。ピアジェは独特のやり方で，非個人的知識という観念を，知識自体は存在せず，社会的に関係をもつ，知る人びとのみが存在するという命題と対比させる。

ここにはジレンマの連続があり，それは誤ったジレンマだと判明するだろう。だが，それにもかかわらず，このジレンマは知識の模写のモデルに命を与え続ける強力な動機である。一連の推理は次のように進む。もし人びとが知識を構成するのなら，第一に，本物の論理的必然性を導き出すことはできない。第二に，非個人的なことに応用し得る知識を結果として生じさせることはできない。しかし，これら二つのことは生じている。ゆえに知識は構成されない。もう一つの仮定は，普遍的であるものはすべて生得的なものであり，個々人の差異を示すものはすべて学習によって得られたものである，というものだ。しかし論理的推理は普遍的であり，ゆえに生得的である。これらの仮定はしばしば前意識的であり，十分に明確化されていない分だけさらに絶え間なく作用する。さらに，知識，構成，論理のようなキーワードのどれもがあいまいさがなく明確だということはない。それゆえ，これらは理解し得る理論に結びつけられねばならないだろう。すると，あとはピアジェの知識の理論を徹底的に調査して，ものと象徴の能力を手に入れた子どもに始まる論理の発達を追跡していくだけである。これを進めるなかで私は上述の諸仮定でもち上がった重要な点に言及し，ピアジェ理論の周辺に起きているいくつかの誤解を明らかにしていくつもりである。

象徴的行動の調整

象徴的能力は2歳の子どもに新たな心理的現実をもたらすが，それを制御する手段は与えない。ピアジェは新たな発達的位置と役割とについてごく明確に述べている。同化と調節はすぐそこでの行動と知覚という目下の世界にしっかりと子どもを位置させる感覚運動的知能の最終段階で実際的な調整を

第6章　象徴，生物学，および論理的必然性　131

達成した。

> 同化と調節は感覚運動的知能の第4段階で一時的なバランスを得たが，表象と言語のレベルで，余剰‐知覚的で社会的な秩序をもつ新たな現実の介入により，再び分断される。が，これは再び同化され探索されねばならない。表象のレベルで均衡を達成するために，同化と調節がまさになしとげたのと似通った，新たなコースを初めから走らねばならない。(1946：255)

　感覚運動の同化と調節の相互作用（第2章で概説した）によってものと象徴形成の発達上の説明がもたらされたが，同様に象徴的（あるいは代理的）同化と調節の相互作用が精神的操作の構成における発達上のきっかけになるであろう。先行段階と対照的に，象徴化は調節と同化の二重の過程を必要とする。現在の，たとえば木片一つに対する調節に加えて，以前の調節（本当の飛行機に対する）が，遊びのなかで動かされる木片が意味するものとしても役立つように，現時点で保存されている。同化においても同様である。飛行機遊びをしたいという子どもの現在の欲望に対する同化に加えて，以前の同化（本当の飛行機に対する）が，飛行機が「不変のもの」であって，意味するものの意味になることができるように，現時点で保存されている。このようにして，飛行機遊びをする子どもは現在と過去の両方を生きているのであり，言い換えれば象徴的に過去を再び生きている。
　同様の状況が遊び道具がない（木片がない）ときにもっと劇的に生じる。子どもは，前に見た飛行機の動きに似せた腕の動きによって飛行機遊びを行なう。今や，以前の調節は意味するものとしての役を現在において果たす。そしてついには，外見上もはや観察できないところまで動きの程度が減少する。子どもは以前の調節を，外的行動とは切り離されていても意味するものとして使い続けることで知的想像のなかで飛行機遊びをすることができる。これら三つの場合すべてにおいて同じ二重の同化が働いている。以前の同化（不変のもの）と結びついている現在の同化（僕は飛行機の行動が欲しい）

である。

　なぜ私は現在の象徴的同化を「私は特定の行動が欲しい」，手短に言えば前のほうの章で述べた「私の‐ものが‐欲しい」と同等視するのか。厳密に言えば，象徴的同化というようなものは存在しない。ある行動の象徴的性格はその調節に起因するものであり，それは不完全で，完全な行動から切り離されており，それゆえ象徴的または代理的なのである。

　　遺伝的関係は操作と行動調整の論理との間で仮定され得る。たとえば，二つの数字を加える操作（2＋3＝5）は物体を結合する行動から派生する。もしこの結合を象徴的と呼ばねばならないのなら，それは項2，3，5，＋，＝，が記号であって物ではないという限りにおいてである。しかし，これらの記号に適用される加算は物に使われる加算と同様に厳密な意味で本当の結合である。(Piaget, 1963)

　図式(シェマ)に対する象徴的存在の同化（また操作は実際，特定の種類の図式(シェマ)を組み立てる）は，いずれの外的行動とも同じように事実だとピアジェは言う。それゆえ，思考は，それが現在の外的状況に適用されたか内的な象徴化された状況に適用化されたかに関係なく，行動であるという彼の変わりなき主張がある。飛行機遊びをしたり飛行機のことを考えたりする3歳の子どもは目前の飛行機の知覚に適用するであろうものと同じ飛行機の図式(シェマ)を象徴的な素材に適用する。

　ひとたび同化の行動性が把握されれば，私が知識図式(シェマ)に「私は欲しい」という権利を設けた理由は明らかになるはずである。私のしようとしていることは，ピアジェが知識を行動とし，子どもの前‐操作的知識を自己中心的なものとしたときからずっと暗黙裡に主張してきたことを明らかにすることである。自己中心的な知識は，子ども自身の欲望が中心に置かれるが，このことは，「子ども自身の観点からの知識」という通常の解釈をはるかに超えたものを意味する。実際，他の何を子どもはすべきか。あらゆる私の知識は私

の観点からのものであり，あなたの知識のすべてはあなたの観点からのものである。私が誤ってあなたをだまそうとしているのでないなら，このようなものに違いない。しかしながら，この観点とは何かということは重大な問題である。この点に関して，象徴的現実を構成しつつある子どもは自己中心的以外ではあり得ない。象徴的知識は始めは「私は‐私の‐ものが‐欲しい」知識であり，「私」が他人の欲望や観点をそれ自身のなかに組み入れるように十分に社会化されるまで何年もの間，そのままにとどまる。大人がピアジェの言う操作を使うとき，それはもはや行動する単独の「私」ではなく，社会的な「私」（ピアジェの言う「認識」の主体）となり，集団の参加者として，全人類を結びつけている知識規則と一体化したのである。

　それにもかかわらず，象徴表示は，子どものたいへん自己中心的な思考の場合でさえ，ピアジェのことばにおける感情的（「私は欲しい」）図式（シェマ）の同化を基本的に表現するものであり，それは同化として，知識の一つの基本的形態である。それは非論理的なものではなく，むしろ操作に比べると前‐論理的である。しかしそれ自体，感覚運動行動調整の論理を拡張し，少なくとも，前にしばしば述べたように，不変のものの論理を必要とする。それでもこの論理は象徴的現実の二重のプロセスと分化を調整するにはまったく不十分であり，この点だけで，象徴を扱うのに適当な操作的論理を構成する起動力である。ピアジェはきわめて明瞭に言っているが，感情的図式（シェマ）は知識図式と違うものではない。「図式（シェマ）というものは，それが何であれすべて，同時に感情的であり，認識的である」(1946：222)。この平易な表現にもかかわらず，ピアジェの言うことはそのまま受け入れられてはいない。とりわけフロイトとピアジェを比較する人びとは概して知識と情動を最も比較し得るものとして取り扱い，しかもそれらは同じコインの裏表であるというピアジェの主張にもかかわらず，いまだに二つの違ったものと考えている。

　この誤解に関してはピアジェにも責任の一端はあると言える。まず彼は，個人的な欲望を象徴的思考に結びつけることの言外の意味を理解するのに役立つ，十分に明確な表現をしていない。が，それだけでなく，さらに二つの

理由がある。彼の論理的操作の提示は社会関係と情動という，生活と血の文脈からあまりにも多くそれらを排除した，抽象的で形式的な言語によって厳しく限定されている。均衡化の最終的なモデルは部分的にこの欠点を救ってはいるのだが。そしてフロイトの無意識（「二次的象徴表示」）に彼が言及する際，彼はそれを無頓着に知的無意識と同じものとしている。「同化は無意識のプロセスである」というのはピアジェの著作において好んで使われている主題である。このため，アメリカ精神医学協会における講演（1970）で，彼は，聴衆に無意識は感情的分野に制限されていないという主張を試みて，彼の言う「認識的無意識」から例を引いたのである。

　ここでピアジェが言った知識図式(シェマ)は前意識と呼ぶべきものの明らかな例であり，無意識の原動力とは関係がない。ピアジェは知覚運動行動のゆっくりとした発達過程が，フロイトの無意識と関係するものとして意識的になるということを使ったが，それ以上にもっと知っておくべきであった。ピアジェにとっては成長中の子どもは同化という前意識的しくみから論理的理性という意識的能力を引き出す。が，フロイトの定義では無意識は次第に意識的になることはない。同様に，抑圧を知識図式(シェマ)の相互的排除と同じとすることはできないであろう。ピアジェ自身指摘しているように（1976b），人びとが論理的不可能性とするものはしばしば「擬似不可能性」へと転換する。発達における進歩とはそこで，不可能性から可能性と蓋然性を経由しての論理的必然性への移動である。数学や科学には，かつて不可能と考えられ，後に可能性が探求され，今や論理的必然性が認められているものの例が数多くある。たしかに，あるものを不可能と考えたとき，私たちはそれについて考える時間や努力を費やさない，というのは当たっている。が，これはフロイトの動的な抑圧とはまったく似通うものではないのだ。むしろそれは前意識的知識の一つの形態であり，この接頭辞「前・」（pre）はピアジェが象徴的思考に適用している前論理的・・・・におけると同様の発達的意味をもつ。

　ピアジェがフロイトの象徴形成の理論に相当近づいたとみえるときでさえ，彼は象徴と欲望との決定的な結びつきをただもっともらしく言い抜けて

第6章　象徴，生物学，および論理的必然性

いる。たとえば夢の重大な選択を説明せずにおく次の一節をみてみよう。身体的印象によって引き起こされる夢について語る場合，彼は夢を見る人と手をつねられ痛みのもとを困惑して捜している赤子とを巧みに比較した。赤子は調節する相手方を捜し求めているようにみえる。

> その感じられた印象はいわば目に見える対応物に向かうように捜し求める。そのねむっている人は何も見ることができず自分が何に巻き込まれたかにも気づかないのに，それでも像を構成する能力はもっている。その人は何か類似点をもつならば外部の光景のただ何らかの像に頼るであろう。この類似は想像された現実を内部的な身体の印象へ同化することを含む。(1946：215)

　説明としての語句「ただ何らかの像」と類似とに注目しよう。これは純粋な連想心理学であり，ピアジェの構造主義の精神にはまったく反するものである。しかも他の多くの場で，ピアジェは幼児の象徴的現実の自己中心的欲望への同化について言及した。「無意識の象徴は，その内容がその意味すらわかっていない主体の欲望に同化された像である」(p. 219)。しかし前にも言ったように，ピアジェは欲望の心理を決して分析しなかったし，またフロイトの無意識の力動性を本当に理解してはいなかった。

　フロイトにとっては夢の像には，ちょうど私たちが信じる自分の心理のなかの多くの他のものが，偶然，連想を引き起こすことがあるように，無意識のリビドーが投入されている。彼は人間の心理におけるいわゆる偶然のこと（あるいは不運なこと）には或る意味がある，すなわち，前意識の，および，それを超えて無意識の，象徴と論理的に結びついていると表明した。これらの象徴は個人的な世界の構成において性的エネルギーを投入したものであり，その発達上の始まりは2歳の子どものもの機能と象徴機能にある。

　フロイトはこの個人的，情動的知識に独特の関心を寄せ，洞察したところを芸術あるいは宗教の産物だけでなく，社会的事象の心理学にもためらわず

にあてはめた。しかし彼は科学の分野については思いとどまった。それは彼には別の種類の知識，葛藤する生物的欲動の混乱から浄化された（「葛藤‐解放」），もっぱら論理的かつ客観的事実によって統制されている知識にみえたからだ。手短に言うと，フロイトも客観的知識の模写のモデルを大切にし，それゆえにほとんど相互に排他的な用語で情動的なものを客観的知識と対照させる以外，何もできなかった。一方を反論理的でなければ，非論理的と呼び，論理的というものを他方に残しておいた。私は先に略述した，客観的知識と個人的構成が両立しないようにみえるジレンマのことを指しているのである。

　しかしながらピアジェは，発達的に初期の知識の形態のなかに，特に生物的行動の論理のなかに，論理の起源を探求することについて少しの疑いももたなかった。彼は意識的な心理の論理よりもはるか以前に行動の機能的論理が存在すると説明した。生物学者として彼の生物的行動の定義はつねに，生物とその環境との機能的な相互関係を含んでいた。行動は機能的「意味」をもち，それは生物学者なら言うであろうように目的論的である。生物は環境について何かを「知って」おり，それゆえに両者の間に調和（適応）がある。調整や共同統御なしにはいかなる調和もあり得ない。こうして論理学と数学が生物行動の形式的な（すなわち構造的な）局面として浮かび上がってきたのである。そこで，遺伝的に組みこまれた行動調整（本能）の論理から，遺伝的に拘束がなく，発達途上で獲得される感覚運動行動調整の論理へ，そして最終的に象徴的行動調整の操作的論理へという直線的関係が成り立つ。ピアジェにとって，遊んだり考えたりしているときの，論理がないなどとはとても言えない状態の，子どもの象徴的行動は，逆に象徴において論理を使用する第一段階なのである。実際，象徴自身が不変のものの論理の所産なのである。

　そこからの操作の論理への発達上の進行は，模写のモデルに執着する立場と違い，個人的な構成を次第に放棄するということは含まず，むしろその逆である。2歳から7歳までの子どもは，次第に自分の操作的な構成の能力に

気づき始め,あらゆる象徴的構成に暗黙裡に含まれる論理的‐数学的経験から,十分に発達した操作を構成するのに必要な素材となるものを引き出す。こうして,操作は象徴的知識の内因性の(すなわち,内部から引き出される)相互統御であり,また,それを通して知識は反省的で,十分に交信し合える,科学的に客観的で,新たなものに無限に開かれ,かつそれを構成できるものになり得る。

　これらの点について後である程度論じるが,その前に私たちの理論的知識が真実であって錯覚ではないということを確信する二つの重要な方法があることを考えてみよう。それは論理的一貫性と社会的コミュニケーションである。操作の達成なしには子どもが論理的一貫性を正当に確信できないということは,操作が論理的推理に必要な手段である限りにおいて自明である。これは,たとえば4歳の女児が具体的な操作を達成するまでは少しも推論することができないということを言っているのではない。いや,この子はすでに暫くの間,象徴的な推理に携わったのであるが,その推理はときに正しく,また,ときに正しくないのである。いかなるときでもこの子の推理が安定しており,何とか人に伝えられるもので,正当と認められるものだということはない。いかなるときでも見当ちがいが混入しており,そうでなければ非論理的要素が入っている。ピアジェはこの事態を前‐操作的推理と呼び,その最初の相を前論理的(すなわち,部分的に論理的,部分的に非論理的),またその後のものを直観的(すなわち,論理的であるが,閉じられた論理的構造にではなくてまだおもに知覚の型に基づく)と表現する。社会的なコミュニケーションは別の必然的な条件である。それは知覚的幻想へ向かう,また,無意識的かつ前意識的な自己‐欺瞞へ向かう人間の傾向のゆえだけではなく,操作そのものが個人間の統御だからである。操作は自己と他者とが「知る人」である限り,両者の関係を統御する。

　しかし論理とコミュニケーションが関係し合う理由はまだほかに,そしてもっと深いところにあり,このことで論理的思考の発達の歴史へと議論を戻すことが必要となる。それは小さな子どもの「私は‐私の‐ものが‐欲し

い」という欲望が出発点である。それより早く，感覚運動段階では行動と知覚のなかに論理はあるが思考はない。この論理は特定のものにかかわる特定の行動の成功を保証する。しかし象徴段階においては，子どもが愛着をもつものは何よりも他の人びと，あるいはより精確には他人との関係において行動する「私」である。焦点は他の人びとに向けられ，自己にではない。しかしその自己は，他人から分離されたまさに始まりにすぎないのだから，自己と他人との間に激しい混乱が生じる。他人についての自分の知識のなかで，子どもは自己がどこで終わり，ものがどこから始まるか気づかずに，自身の欲望をものに投入する。この状態はコミュニケーションということばに言い換えることができ，また，子どもは大部分は自分自身に話をしている，すなわち本当には交信していないのに他人と交信していると信じていると言うことができる。ピアジェのことばによれば，子どもは自己中心的であり，自己中心的なやり方で論理を使う。

　しかし，もし論理とコミュニケーションが知識における真実と進歩のための一対の条件であるならば，子どもが自分の観点から論理的であり，かつ伝達をするという両方をしている（たとえこれが現実よりも自己中心的な幻想であっても）ことを考えると，子どもは自分の置かれているジレンマからどのようにして逃れ得るのであろうか。ピアジェは彼の均衡化モデル（1975）のなかで，全般的な論理的首尾一貫性への欲望，主体と客体（同化と調節）とのバランス，図式（分化）の間での，また，その内部でのバランス，および，実際，知識の発達を動機づけている究極の首尾一貫性である総体的バランスの存在を仮定する。しかしこれはピアジェについてのよくある誤解にならみられることだが，自動的に生じる動機ではない。知識が誤った均衡状態にあるときのみ人はそのバランスに反射的に気づくようになる。理解における欠如やずれが経験される。この知識混乱の心理的な，概して前意識的な経験は知識の発達にとって必然的な前提条件である。

　人は発達のきっかけと挑戦としての不均衡に応答することができ，その結果，知識に固有の原理に従って知識の図式を再構成する。この意味におい

て、ピアジェはいかなる再構成も同様に、感じとった知識不足に対する機能的な補償であると主張する。しかし、当人はまた否定的な経験を終わりにすることもできるし、また、再構成という作業から心理的エネルギーを引き出すこともできる。が、この場合、知識の発達はない。ピアジェは、彼が均衡と呼んだ、知識発達に固有な動機の陰に、均衡を役立て、必要とされるエネルギーを使うことに熱意をもやす激しい個人的な動機が存在するに違いないということを常に思っていた。

しかしながら、この個人的な動機は社会的なものである。それは他の人びととかかわって交信する「私」の欲望と知識である。精確には「私」がその他人に関心をもち、配慮をしている限りにおいてであるが。遊びでの象徴的表示において、幼い子どもは、私は‐欲しいがものにまさるところでは、私は‐私の‐ものが‐欲しいという態度をとる。ピアジェのことばでは同化が調節とバランスがとれておらず調節より優勢だということである。象徴的な遊びをしている子どもは、ものよりも自分の観点に興味をもっており、この点から見て、知識の拡大はあり得ない。

ピアジェの均衡化モデルにおいて発達は、他者に対するより根本的な態度に基礎が置かれているが、そこでは社会的連帯、対人関係そのものが望まれている。そこでのみ知識のものは、社会的に結びついた「私」と構成的なバランスを取り得る。暗黙の内に子どもは他者の行動や観点に考慮を払い、また、それを自分自身の観点のなかに合体させることを欲するに違いない。この合体は、私‐他者関係のために心理的エネルギーを消費することを含み、そして真の共同‐構成あるいは協力を引き起こす。このこと自体に、存在する個人間の関係の拡大があるが、それは同時に、少なくとも初期の発達期においてはほとんど副産物としてだが、子どもの知識構造の発達でもある。これは翻って、子どもの対人関係を豊かにし、より良いコミュニケーションとより実りのある協力へと導く、より妥当な知識を豊かにする。

そのうえ、他者と自己についての知識は相関関係がある。すなわち、子どもは他人を人間として経験し理解する程度にまで自分を人間として意識する

ようになる。先に提起された，子どもがなぜ自分の自己中心的な見方を捨てるよう準備されるのかという問題に関して，ピアジェの出した次の答は意味深い。それは他人に対する愛と配慮であり，自分の見方を他人のそれに調整させたいという欲望である。

ピアジェはあまりにも良心的な心理学者であったため，幼児が知識のずれを経験して思考を再構成するよう動機づけする理由が他にあると信じることができなかった。まず第一に，子どもの論理はまだあまりにも弱すぎたので，論理的矛盾により苦しめられる（大人ならそうなるはずだが）ことはない。しかし，第二に，現実それ自身，つまり，物理的環境とその知覚は，子どもに誤った知識を捨てるよう強いるのではないだろうか。答は感覚運動レベルと生物的レベルではイエスである。が，自己-欺瞞に向いた，あるいは批判の意味合いを落として言えば，社会的現実を自分独自に構成したもののほうを選ぶことに向いた，人間の能力には際限がないのに，現在の行動現実が象徴的飛行機に与える影響はひどく限定されている。社会的現実は，進化が人間の心理をそれに適応させた当のものだという前章での論議を思い出してみよう。その出発点に立てば，象徴化と社会性との間にある有機的なきずな，および，そのきずなの背後にある知識と個人間の情動との必然的関係は理解し得るものになる。

すべての人間がそのなかに住んでいる象徴的世界は，したがって，社会的現実の心理的起源である。無論それは身体的および生物的現実を含むが，それをはるかに超えて広がる。子どもの象徴的構成物は社会的な個人間の構成物というコインの裏面である。ピアジェはこう言っている。他人に対する構成的な情動的態度がなければ，子どもは，必要な知識調整の論理的枠組みに最終的になるであろう象徴的統御を構成することはないであろう，と。彼はこの枠組みを普遍的な心的操作の体系，略して操作と呼んだ。そして，それは社会的-情動的な相互統御の産物であると同程度に，知識均衡化の産物である。知識均衡化あるいは調整という語句は，自己の内での内的推理と相互的なかかり合いという個人的な問題を意味するように思われる。実際はそれ

は常に他の人びととの見方に「私」を積極的に関係づけることであり，ある抽象的な心的存在のではなくて，知る人の，すなわちたがいに知り，関係をつけ合う人びととの，調整である。

　読者が社会的‐情動面からと知識面からの貢献の双方を評価していくと，社会的‐情動的要素が知識発達においてより基本的なものであるかのようなはっきりした印象をもち始めるであろう。先に私は知識とはほとんど社会的関係の副産物だと述べた。これは，仮に社会適応性が人間化をとげるうえで，それに反応すべき主要な要素であるならば，まさに読者の期待するだろうものである。この進化の推論はまた，フロイトの主張する原抑圧と無意識的象徴の形成によっても確認される。なぜなら，これらはその唯一の機能が社会集団に深く永続的な情動的結びつきを作り出すことである心理的な発達の所産だからである。それはピアジェによって述べられた知識の発達と明白に対照づけられる，個人の情動に奉仕する知識の明らかな例である。そこでは社会化された情動は，それ自体情動から解放されている論理的枠組みへと進む（理論上，情動や社会的状況とは無関係に $4 + 7 = 11$）。

　フロイトの性の二相理論に似ているが，ここに私は象徴的現実の二相構成を提唱する。特に私が言いたいのは子どもたちが２歳頃から二種類の社会的‐象徴的世界を構成するのに熱心になるということである。その一つは個人的欲望の，そして，社会的な深い愛着の世界であり，概して他人と意図的には分かちあわず，かつ原抑圧に運命づけられている私的な世界である。もう一つの世界は始まりは第一のものと同様だが，熱心に他人と分かち合い，それゆえ，社会化へ，そして，いっそうの知識発達へ開かれた世界である。第３章の終りで述べたように，これら二つの精神的現実は相伴って構成されるが，６歳から７歳頃までの幼児の心理のなかでは明らかには分離されていない。この時期に，子どもは最初の十分に形づくられる心的操作（「具体的操作」）を発達させ，自分自身が思考し理解できる「私」であることに気づくようになる。「私」は現実自我として，共有されたことがなく，もはや他人という社会化する影響に直接的には開かれていない個人的‐象徴的世界の

当の部分に抵抗する。その部分は今や意識的および伝達的になることから絶対的に抑えつけられている。原抑圧において，イドとその無意識の象徴表示は，自我と，その社会適応性と論理的結合への方向とは対照的に，強固なものとなっている。

イドにあるエロスと死という二つの基本的な欲動はエロス欲動を，まず第一に心的世界を構成するためのそもそもの原動力を，満足させている世界を象徴する心像にゆるぎなく付着している。イドは本能的エネルギーの貯蔵庫として，また象徴世界を構成する楽しみを味わい，そしてまったく新しい結びつきのなかでそれを拡大させるモデルとして，また，とりわけ，「もの」に対する熱烈な愛の原型として，とどまる。幼児期初期におけるこの愛があり得る程度に自己中心的であり，そのものも同程度に本当でない（前‐論理的）としてもそれは問題ではない。問題なのは，他の人とともにある生活への情熱，すなわち個人的‐社会的生活への情熱である。もしこれが人間化の狙いと呼び得るなら，無意識の象徴表示の内容はまさにそれに当たる。ゆるぎないイドがあれば6歳の子どもには，最初の心的世界を捨て，それを原抑圧のなかに保存する準備ができている。そこで，過去のもの‐関係の心理的情熱を他の心的世界の社会的方向へと移し変えることになる。これこそが，ゆっくりたゆまずに形成されてきた，そこで子どもが他人との意図的交信および論理的結合に反応して行動する，「本当の」世界である。

論理的統制（ピアジェの言う具体的操作）という初めての手段を獲得して，子どもは理論的知識を個人的な力として経験する。それは子どもを他人という興奮する世界に開くものである。ミルン（A. A. Milne, 1927）の言を使えば，「でも，私は六つになったのでとてもりこうになった。これ以上りこうになることは不可能だ」と彼らは感じる。この詩人の心理的直観はこの喜びに満ちた状態が「ずっとずっと」続くようにという子どもの願いを生き生きと表現している。知識と社会関係——情動的‐社会的貢献——を拡大させる情熱は今や子どもに芽生え始めた論理的一貫性の理解と，それへの欲望とに結合している。すべての知識発達に必要なこの二つの基本的条件を与

えられて，子どもは知識の不均衡を，感じられる知識不足を補うように自分をかりたてる意図的な挑戦として歓迎する状態にある。結果として，この状況が支配的である限り，子どもは実際，すべての子どもがそうであるように，発達するであろう。ピアジェにとって発達とは常に二つの方向で注目され得る。過去をふり返ればそれは現存するが不適当と感じた知識構造の埋め合わせであり，将来を考えればそれはこの知識構造の再構成化であり，また，新たなものの，かつて存在もしなかったし生理学的構造に前もって組みこまれてもいなかったものの，真正な要素を密接に結びつけることになる。

進化と知識

　知識発達に関するこの記述はまさに論理を種の進化と個体の発達とに正しく位置づけるやり方そのものによって，すべての人を拘束する客観的論理（および数学）——普遍的論理——と調和させられ得る。実際，これは，ピアジェが論理と生物学的行動（どのような段階のときでも）の調整とを同一視するとき，彼の理論が推論の基礎として主張することである。したがって，個体の発達はもちろんのこと，進化そのものも新たな生物学的現実の所産として概念化することができる。それは新たな種の形態における新たな本能 - 統御された行動調整であり，感覚運動行動における新たな論理の段階であり，ものと象徴形成における新たな心理的現実であり，また，操作的で反省的な論理の新たな段階である。

　しかし，個々の有機体が遺伝的に編成されているという事実からみれば，新しさは進化に限られるのではないか。これは個体の選択のいかなる要素をも，それどころか真に新たないかなる行動をすら，認めないことになる。生物学の巨大な領域で，実際，これが真実もしくはほとんど真実である。或るいくつかの種は何百万年ものあいだ不変のままでいるように見える。しかし，それでも進化上の変化は生じており，わずかな遺伝的反応の差異はどこ

にでも認められるに違いない。中枢神経組織を備え，自由で意志に沿った運動ができる高度な動物では，ある種の遺伝的解放性をもち，個体による選択ができるということはまったくはっきりしている。

　前章で，開かれた遺伝的プログラムに向かう傾向について，人間に近い霊長類の幼児期と社会適応性との関連において述べた。それらの個々に発達した才能，特定の選択や工夫が新しさという名に値するか否か，あるいは単に遺伝的プログラムに比較しての開放性なのかはここで決める必要はない。しかし，人間の場合，まず象徴的世界を，次に意識的かつ論理的世界を構成することは，一般的な進化の能力や個人の再－構成という意味においてだけでなく，新しいものである。この構成は以前の発達の歴史（構成的な幼児期が必要）なしには考えられず，とりわけそれ自体が新しさを生み出す可能性であるという，さらにもっともな意味においても新しさがあるのだ。かくして，行動（生物学的行動）－における－知識がゆっくりとした進化の歴史のなかで新しい生命の型を創り出す傾向をもつ一方で，行動－から－分離した－知識としての人間の知識はこの傾向を完成させ，それ自体が働くことで各個人における新しさを構成している。そこで，人間知識の心理に適合すると主張するどんな理論についても新しさが主要な問題だとピアジェが主張するのである。

　進化上の新しさには事実と神秘の両方がある。その時間の規模とその単位（遺伝子）は，毎日の経験からかけ離れたものであるから，普通の人がその可能性を，ひどく単純化しねじ曲げられた代替物の形によってしか理解することができないのは不思議ではない。それは，まちがいなく言えば，新しい知識の，そして，それ以上の知識の問題であると言える。それがいかにして遺伝子に入り込んだかが問われる。神によってか偶然（自然淘汰と適者生存により確認された偶然の遺伝的変異）によってかという世間で言われる二者択一は言い逃れであり，単に私たちの無知を証明するものにすぎない。

　ランの花は雄花から雌花へ花粉を運ぶ昆虫の助けを必要とする。ある種のランにはメスのスズメバチに似た形の仕掛けが作られており，そこからメス

のスズメバチに似た香りが発散する。この特定の種のスズメバチの場合，雄は雌より先に孵化する。このランは雄バチがまだ独りでいるまさにその時期に仕掛けを仕上げる。雌バチが雄バチをひきつけることはなく，雄バチは容易にランの仕掛けにかかり，あたかも雌バチと本当に性的出会いをしたかのように行動する。しかしながら雌バチが出現するとそのダミーはもはや作用せず，雄バチもだまされることはない。しかし，その間，雄バチはこのランの異花受精に効果的な媒介者であったわけで，その進化的機能は十分発揮される。

これはそのランのゲノムが特定の雌バチを模造し，それを雄バチがまだ生まれていない相手を探し回っているまさにその時に働かせるという情報にいかにして行き着いたかを説明しようとする試みのなかの，ぎょっとする無数の例の一つにすぎない。まじめな説明として偶然の突然変異をもちだすことは哀れな無知のカモフラージュだが，こんなことは今のより悪い。それは知識の本性についての誤解である。知識と偶然は矛盾する。地面に落として続けて3度表が出たコインは4度目にも表が出る機会は1度目とまったく同じである。なぜなら，コインは何も知らないし，憶えてもいないのであり，だからこそ偶然に左右されるのである。しかし，偶然の出来事が有機体により利用され，新しい知識へと導かれることは可能ではないだろうか。たしかにその通りだ。が，知識が好機を開発利用することで示されるのに対し，偶然は物質的好機に限られている。

仮に一つの種が偶然の変異も含めて偶然の機会を利用する方法を知っているなら，説明する必要があるのは，特に種が適当な機会を活動的に探し求めているようにみえる明らかな事例が数多くあるのだから，開発利用の力である。両極性の用語「好機‐開発利用」はピアジェの「調節‐同化」のような別の表現に訳され得る。コインは生きておらず，知識をもたないから，同化も開発利用もしない。しかし遺伝子は生きており，知識をもち，その知識の機能は同化である。知識獲得の偶然の過程というのは矛盾である。それは同化なしの（それは偶然だから），同化（それは知識だから）と言えよう。自

分に身近でない話題の載った本が偶然,蔵書のなかに置かれていたからといって自分の知識が増大したなどと主張するのと同じくらい,意味をなさないことである。

　知識——有機体の行動図式(シェマ)に対する生態的状況の同化としての——についての生物学的見通しから出発して,ピアジェはたとえば遺伝子的同化,遺伝子の論理,また,変化した環境の能動的利用開発というような進化の近代的概念を受け入れることが自然であると気づいた (1976a)。彼はこれらの概念を,個人の発達の場合にしたのとまったく同様の能動的な意味で解釈した。彼にとって個体と種の進化の比較は,ことばの示す姿以上のものであった。彼は,発達しつつある個体が種に特殊と考えられる知識能力を新規に構成すると主張したのだから,遺伝子による新しさの構成に対してまったく同じ説明原理を使うことができた。

　ピアジェが創造的な研究を行なうなかで使った目をみはるものの一つに表現型模写と呼ばれるものがある。遺伝型は個体の遺伝子符号の一つであり,表現型はその符号の観察し得る最終産物であり,遺伝子と,遺伝子機能と個人との発達が行なわれる環境との相互作用に起因するものと考えられている。表現型の変化は同じ遺伝子符号が異なって観察し得る特徴(解剖学的,生理学的,行動的に)を産み出して環境の影響に呼応した程度を示す。しかし,遺伝型のみが受け継がれ,表現型の変動は遺伝型に直接の影響を与えず,その結果,遺伝されることはない。固定的な絶対的な意味にとるとこの主張は,表現型のみが環境に呼応するが,この環境に関する知識を遺伝型に,これのみ引き継がれるのに,伝えることはできないという興ざめするような結論を導く。そこで私たちは,遺伝子(環境に対する生物体の行動を調整すると考えられる)が環境についての知識を得ていなかったらどのようにしてその仕事ができるのか,また,それが環境に呼応しないと考えられるのならこれはいかになされ得るのか,という謎に戻ってしまう。こうした背後事情に相反して,表現型模写とは,並外れたものであり,それというのも,ここでは遺伝子が,するとは予想されていないことをするように思われるか

らである。

　手短に言うと，ピアジェ（1974）は特定の型のカタツムリの殻の状態に，棲息する沼の水が静かか揺れ動いているかの働きを示す，表現型の変異を観察した。これらの変異は遺伝ではなく，揺れ動く水に棲む丈夫な殻をもったカタツムリの子孫は静かな水に移すと弱々しい殻を作り，その逆もまた然りであった。したがって，これは明白な表現型の適応の例である。知識という観点から言えば，このカタツムリは環境について何かを「知って」おり，この知識は，個体の環境との相互作用に基づくものとして容易に説明される。それは「外因性」知識であり，部分的に外部から来ているもので，少なくとも殻の状態に関してはそうである（いかなる知識も全面的に外部からということはない！）。

　しかし，それからピアジェは，ひどく動きの激しい水に棲む，予想された通り，丈夫な殻をもつカタツムリをみつけた。これらを静かな水のなかに移すと，こはいかに，殻の状態は丈夫なまま保持され，これが次の世代に受け継がれたのだ！　したがって，もはやその変異は表現型のものではなくて，遺伝型として定着していた。実に遺伝型は表現型をまねていたのである。ゆえにその名前を表現型模写という。

　ここに，どちらも丈夫な殻をもつ2匹のカタツムリがいるとしても，一方は表現型の，もう一方は遺伝型の特色を示すものなのだ。表現型における荒れ狂う水に関する知識は「外因性」であるが，遺伝型においてそれは「内因性」である。仮に外因性知識の起源が環境との相互作用に対する個体の感応性にあるとするなら，この感応性から遺伝子を除き，代わりに，表現型の変異を奇跡的に模写する偶然の遺伝子型の変化というものを考えてみることは理にかなってはいないか。

　ピアジェにとって表現型模写は環境の影響に対するゲノムの感応性の証拠である。彼は遺伝子の予想される閉鎖性を反生物学的，静態的見方だとして拒絶した。代わりに，適応する個体は外的環境（水の動き）を殻形成の図式（シェマ）に同化するがゆえに，ゲノムは外的環境からの表現型のメッセージによって

生じた内的環境における混乱を自身に同化する（すなわち開発利用する）と主張した。その遺伝子の内的環境とは細胞の生理学と細胞の発達の歴史（後成説）を含む，遺伝子がそこで機能する，生物学的な文脈である。明らかにこれは推論的見解である。が，少なくとも，外部からの知識が自然以外の創造や奇跡的な偶然の出来事に頼ることなくゲノムのなかに入り込める（明らかにそうしているように）可能な道を示唆している。

このようなやり方でピアジェ（1976a）はゲノムを静止した遺伝符号の集合ではなく，生きた体系とみなした。彼はその活動は同化し得る環境の可能性をゲノムがそこで体系的に探る物理的な組合せ（ピアジェは結晶体形成の系統的変異を引き合いに出す）にたとえることができると推測した。表現型模写は遺伝子行動の単純な要素に限られるだろうし，また，外因性から内因性の知識への移行を説明するだろう。その組合せは諸要素を遺伝的プログラムへ調整するであろう。一方で，いくつかのプログラムの調整は異なった個体の，あるいは前述のランと昆虫の関係のような異なった種のでさえ，その相互交感の行動を相互統御する複雑な本能的行動調整という結果をもたらすであろう。

論理的必然性の起源

こうした進化の見方は，第5章の人間の進化に関する考察を生物学へ拡大しており，適切な知識の理論にとってきわめて重大なことに思われる。なぜなら，知識と論理は人間（あるいは大人の言語や科学だけに制限しても）とともに突然現れたものではなく，生物学全体にとって不可欠な要素なのである。最も難しい問題は今，正面から取り組まれねばならない。読者は，それがカントの時代に至るまでの200年間，最も熱意に満ちた思想家たちが頭を働かせてきた当の問題だと聞いて驚いてはいけない。世界に関する知識がいかにして有機体の内に入り込めたか，外因性の知識がいかにして内因性の知

第6章 象徴，生物学，および論理的必然性 149

識になり得たか，私たちが問いかけたことを思い起こしてみよう。しかしこの間ずっと私たちは，当然，同化の能力をもった生物体はすでに存在したし，あらゆる同化はある形態の論理的構造をたとえいかに暗黙裡にであっても，含んでいるとしてきた。しかし，論理は最初，どのようにして生物に入り込んだのであろうか。

　上記に関する問題は，経験主義対合理主義の古くからの論議の的である。歴史的には生物学上のことばで言い表されることはなかった。この見方はわずかにダーウィン以降のものである。核心は普遍的で必然的な知識の起源であった。大まかに言えば，ピアジェの言う論理的‐数学的知識と同じものであり，私は省略してそれを論理と呼ぶ。したがって，その問題は特定の内容をもつ知識とは関係のなかったことに注意しよう。はっきりしたことだが，知られた世界についての特定の内容は，郵便ポストの色，町の名前，ダイヤル錠の続き番号の知識のように，少なくとも人間には，外部の経験という方式で入ってくる。そうではなくて，問題は思考の普遍的形式の状態，あらゆる特定の知識内容が推定上，そこに同化される，合理的な組織化に関するものであった。こうした形式は大人には論理的に必然的なものとして，内容とは関係なく，あらゆる思考する人を結びつけ，それゆえ普遍的なものとして経験されている。これらは，あらゆる演繹的および帰納的な推理，特に数学や科学的思考の根底にあるものと解された。ピアジェはこれらを操作，より特定的に論理的‐数学的操作と呼んだ。そして，組合せの推理と命題的推理（形式的操作）だけでなく，分類，連続，定量化（具体的操作）の体系のようなさまざまな形態を研究した。

　しかしながら，哲学者たちはこの「普遍的なもの」について，ピアジェのように，生物学上あるいは進化上の疑問をもつことはなかった。その代わり，彼らはその現実性の位置と想定される起源とについて哲学的に思索をした。これらは経験あるいは理性（そして究極的には人間を創造した神）に由来するものだろうか。仮に理性にであるなら，経験にそんなにうまくあてはまる（たとえば，科学研究に応用された数学）のはいかにしてか。また仮に

経験に由来するのなら，いかにして普遍的かつ必然的であり得るのか（経験はつねに特定的で不確実なものをもつから）。どちらの側も，この特定の問題を十分に解くことはできなかった。経験主義者たちは普遍的かつ必然的なカテゴリーというものはないという結論を出したが，彼らの主張したこの信念は主観的な幻想にすぎなかったため，この問題は消滅した。合理主義者たちは，理性と世界を調和させるために神を導入することは自分たちの当の問題を解くのに理性が無力であると認めることだと気づいた。カントにとって，その問題に取り組むに当たり，両陣営を一方的だと追い払い，第三の方法を示唆するのに機は熟した。カントは，そうだ，理性と必然的論理がある，すると，これはその起源が経験主義的（すなわち外的）経験のなかに存することは決してあり得ないと言った。また，理性と経験との一致も肯定した。しかしながら，この一致は，合理主義者の考えたような神の介入によるものではなく，経験の位置によるものである。なぜなら，経験論的経験は，経験主義者なら主張するようなもともと与えられたものではなく，むしろそれ自身，合理的構成によって過度に決められたものだからである。ニュートンが宇宙を逆転させ，地球が定位置の太陽の周りを動いているといったように，カントは普遍性の知識を逆転させ，理解に構造を与えるのは経験ではない，経験に構造を与えるのは経験ではない，経験に構造を与えるのが理解であると断言した。

　カントの偉大な業績は経験主義と合理主義の論争の終息に貢献した。その論争のなかで彼は両者の位置の不十分さをあからさまにし，理性が経験に構造を与えることを指摘した。この合理的な探求の方向は近代西洋社会に熱心に取り入れられ，今日まで続いている科学的研究の急激な増大が同時に起きた。しかし，カントは一方で，言わば，知り得る宇宙は人間の理性を必要とする（これは人びとに好まれた）と述べたが，他方では理性そのものをモラルの起源であるとし，ある間接的な方法で美的規準の源であるとした。そしてこの点で，人びとは彼の言うことに従えず，あるいは，従おうとしなかった。

第6章 象徴，生物学，および論理的必然性　151

　歴史的見地からみると，カントは科学的経験の理解に決定的に貢献した。しかし，まさにこの貢献と科学の明らかな成功のゆえに，理性そのものは科学と同等になり，まさに人間らしさのしるしである，美的価値の判断と道徳的規範の熱望とから離れてしまった。仮に，今日，科学の文脈から離れて「知識」ということばを使うのが困難だと人びとが思うならば，これはそれ自身カントの部分的成功のせいであったと同時に，それが彼の全般的な地位についてのより基本的な誤解を強めたという趨勢の遺産である。カントにとって，理性は第一義的には実際的な（そしてこれは物を作ることではなく，社会的‐道徳的行動に関係することを意味した）ものであり，第二義的にのみ理論的な（道具的，科学的）ものであった。

　この同じ趨勢がカントの，その能動的な意味での主観的な構造化を無に等しいものとし，「客観的」知識の産出におけるその消極的役割のみを保持させた。結局は，客観主義者‐現実主義者の解決が勝利を収めたことは，今日一般的に使われる主観的の意味が知識の務めのなかで避けるべきものであることで証明される通りである。客観性（唯一の「真の」知識）の源は一般的にもののなかにあると受け取られており，ここでは，ものは（カントあるいはピアジェがしているように）知られている‐としての‐ものを意味するのではなく，知る人の外に存在するものとしての現実性を意味する。仮に，普遍的なカテゴリーや必然的論理というものが存在しないのであれば，これらのことが人間の心理にいかに入り込むかについての説明を探求する必要はない。しかしながら，あらゆる正常な大人たちが科学者も非科学者も同様に，なぜ論理的必然性という強制された幻想の下に生き，またそれを日常の推理に使わねばならないのかと人が不思議に思うことは認められてよい。この見方は，無論，この章の初めに述べた，知識の広くいきわたった「模写モデル」の根拠である。

　合理主義が急速に消失したのは，その理性の仮定が神の観念と不適当に結びつけられたという認識によるものであった。受け容れられる弁明として取りはずされた創造主としての神には，必然的な論理の根源はないようにみえ

た。この論理の心理的実在を保持することにやっきとなった——この前提を否定した経験主義者たちに反対して——別の信念をもつ学者たちは人間の社会適応性と文化の一部として多様な形態をもつ人間の言語に助力を求めた。古代のロゴスの，言語と思考の，結合は復活した。そこで，論理は言語の普遍性によるものと考えられ，普遍文法への探索が始まった。言語の習得は論理的思考習得の必要条件とみられた。あることについてしゃべるということが「知覚」を「概念」に変える決定的なこととして扱われた。論理的客観性の説明原理としての言語は付加的利益をもつようにみえた。つまり，言語は個人間のやりとりの暗に含まれた規範をもつ話しことば共同体という状況を含み，そして，とりわけ，口述の伝統と書かれた形とにより保存が可能である。カント以後，ヨーロッパの大学において書物の科学（人文主義的研究）は自然の科学——経験主義的傾向が支配的になり，厳密な意味での科学の名前を占有したことの別の指し方——から離れるようになった。

　19世紀の最後の四半世紀，フロイトと少し遅れてピアジェが研究の関心を無意識的な，および意識的な，知識についての心理学（と言っていいだろうか？）にそれぞれ向けたとき，彼らは生物学の別々の部門で研究をしてきており，その時代の科学的伝統に浸っていた。二人とも，ある意味ではタブーである領域を研究した。これはフロイトに関してははっきりしている。しかし，ピアジェもまたカントの時代以降埋もれていた問題，すなわち，客体の世界を構成する主体の問題を取り上げた。この世界に含まれているものは普遍的カテゴリーと必然的論理の知識の枠組みであり，これが翻って科学を可能にした。

　ピアジェは，科学においてであろうと哲学においてであろうと，当時支配的であった実証主義的および人文主義的傾向に大いに不満であった。社会活動で使う言語の一目瞭然の機能を否定することなしに，生物学者であるピアジェには，もし言語自身に，また，それが運ぶ伝言に，何らかの論理があるとするならば，この論理が言語を用い，音声による伝言で交信する人びとの知識能力によってそこに伴われてきたことは明らかだと思われた。論理実証

主義のバイブルである『エンサイクロペディア・フォア・ユニファイド・サイエンスィズ』（統合された諸科学のための百科事典）を検討して，ピアジェ（1963）は以下のような主張に驚かされた。それは，「当学派の論理学者，言語学者，および心理学者は，思考のような『精神主義的』概念に対応するものは何もない，あらゆるものは言語である，また，論理的真実への接近は言語を正しく用いることにより苦労せずに保証されるということを繰り返して，自分にうちかつ」という主張である。内的経験や内的言語がすべてであるという人文主義者と精神主義的概念に対応するものは何もないという論理実証主義者との対比は目につくが，両者が一緒になって言語の概念を誤用するやり方はいっそう騒々しいものだ。

　仮に，社会活動で使う言語と論理的思考との必然的関係というものに少しでも真実があるとしたら，社会活動で使う言語の知識が欠如しているまったく耳の聞こえない子どもたちに関する広範な研究で，体系的論理的欠陥が示されたはずである。ところが，逆に，この子どもたちは耳の聞こえる子どもたちが発達的に得たものと驚くほどの共通性を示した（Furth, 1966, 1973）。その大量の結果は，論理的思考に真剣に関心をもつ人に対しその源は社会活動で使う言語以外の他のものに求められるべきだと納得させるのに十分すぎるものであったろう。しかし，「客観的」知識と真理の模写モデルは非常に訴えるものがあり，また，その構成における能動的な主体の混合状態は，事実だけが個人の知識理論を変えるということは決してないという，常識としてまかり通っているものと，ひどく対立するものである。

　　　もし，真実が模写でないとするなら，それは現実を組織したものである。しかし，どんな種類の主体の部分を組織したものなのか。……哲学者は時空的また物理的偶然性を超えたところに真実を位置づけ，「本性」を超時的または永久的視点で理解できるものとなす。……不幸なことに，プラトンからフッサールまで，超越的主体というものは科学自身に，したがって超越的なモデルにではなく現実のモデルに，起因するものを除いてはいか

なる発展もなしに，不断にその様相を変えてきた……。絶対者を雲の上に置く前に事物の内奥を覗き見ることは時間をかける価値があり得る。そのうえ，もし真実が現実を組織したものであるならば，さしあたっての疑問は組織がいかに組織化されるかを理解することに関係してくる。これは生物学的疑問である……。しかし，もし不断に先へと発展するのが生命の特徴であるならば，また，もし人がその発展することを含む生物的組織における合理的組織の秘密を探求するのであるならば，その方法は，それ自身の構造にかかわる知識を理解しようとすることにある。これは，知識が本質的に構造物であるのだから理に適っている。(1976a：413)

　カントは，知識（科学的知識）が構造物であり，彼が先験的カテゴリーと名づけたものに従えば，経験主義的経験を構造化したものであることを知っていた。彼が知らなかったもの，あるいは関わらなかったものは，これらカテゴリーの起源であった。ピアジェは彼の陰にいるダーウィンとともに，先験的というのは構造的知識の必要条件にのみ関係でき，時間的連続には関係しないことを，および知識構造自体は生物学的歴史をもつに違いないことを知っていた。さらに彼は，論理的必然性を新たなものを構成する潜在的な自由と相関するものととらえた。このことは，なぜ生物学者として彼がほとんど独力で論理的必然性の実在性を主張し，無条件の論理を稀薄にしたり相対化したりすることを拒否したかを説明している。これが，私が先に触れたタブーである。
　今日，私たちはどんなものでも無条件の絶対というものには居心地の悪さを感じる。それらは私たちに全体主義の教義と信仰の盲目的重荷をあまりにも多く思い起こさせる。絶対者の名において行なわれた悪は歴史の学徒にはまったく明白である。しかし，この類推には基本的な誤解がある。論理的必然性の先験的カテゴリーはそれだけでは知識ではなく，人が何かを理解し，与えられたものを超えて新たなものを構成するように力を与えている手続きである。しかし，それ自身，中身は空である。それを使い応用することは個

人的で自由な，それゆえに道徳的な決定となる。そのうえ，その操作は，人が作用を受けるものとして外部から課せられるのではない。そして，この点から見ると，人の頭脳と生理は知識という外部的な内容と同程度にその人自身の外側に在る。ニューロンの論理は未だ私の論理であることからは遠い存在であり，同様に，私の腸の化学的知識は私の化学についての知識ではない。

　この立場で一貫して，ピアジェは新たな知識の唯一の根源として偶然の突然変異と適者生存を述べた進化の理論を拒否し，代わりに，前に要約したように，ゲノムにもっと能動的な役割を与える見方の概要を示した。彼は同様にK.ローレンツの仮説的現実主義を批判した。ローレンツは人間の論理操作を他の進化的所産と同じレベルで取り扱い，それを首尾よき適応によって確証された有効な仮説とした。偶然と外的必然性ではなく，自由と内的必然性がピアジェにとっての新たな知識の一対の生物学的条件である。生物学的自由とは本来，生まれつき組みこまれた行動調整からの解放を意味する。そのうえ，その自由が大きくなればなるほど，その生物体を調整する統御はより完全になるに違いない。無限の新たな実在を探求し構成する，人間の知識の根本的な自由に対応するということはその統御の，すなわち操作の，熟達である。それは私たちに自由の可能性と経験を与える，論理的に必然的な内含をもつ，閉ざされた，しかし同時に可動的な体系を形成する。事実，これが私たちの自由である。それに対し私たちが責任をもち，正しいとすることのできる，私たちの自律した知識の基本なのであるから。

　カント派の綱領を解明するというピアジェの仕事は——そして，その作業がこの哲学者の洞察の慎重な継続であることは明らかだが——論理的に必要な操作の発達の歴史の説明を未だ終えていない。もし，論理の源が，神という創造者（理想主義，合理主義），ものの経験（経験主義），内的経験（人文主義），社会の言語（論理実証主義），遺伝子プログラム（生得主義），進化という適応（仮説的現実主義）という外的干渉に正当に属すると考えられないのであれば，それはどこに見つけられるのであろう。ピアジェの答は先の

引用部分の「その発展することを含む生物的組織」，すなわち，さらに前に使われたことばで言えば，「構成的同化」に当たる。繰り返して言えば，同化は環境に対する生物の行動を意味している。生物体は，その生物体の組織に結果として関与している環境に何らかの作用をする。あらゆる同化には論理的に組み立てるという要素があり，進化的で発達的な構造物においてたいへん明らかである拡大に向けての潜在的な開放性が存在する。

　ピアジェの主張はどうもこのようである。論理的必然性は，いかなる内容もしくは対象からも引き出し得ない。なぜなら，それは生物体の抽象的な現実に属しており，組織化された物体の具体的な現実に属してはいないからである。生物的組織体は，生物的目的のために環境と相互作用を行なう。この相互作用は環境に関する十分な知識と，環境の要素をそれ自身の組織体へ組み込むことについての組織された知識とを当然のこととして含む。第一の種類の知識は，環境への調節という外に向けられた過程に焦点を合わせ，第二のそれは，内的組織体への同化という内に向けられた過程に焦点を合わせている。生きていれば，両方の過程は，新たな調節の形態が新たな同化の形態への必要ときっかけをもたらすから，拡大に向けて潜在的に開放される。新たな調節が外部，すなわち環境の事物と抵抗に由来するのに対して，新たな同化は内部，すなわち生物的組織体そのものに由来する。

　新たな同化は新たな組織体を意味し，これは内的な組み立て直しを通して生じる。どのようなときでも，知識は（生物的組織体に関係した）組み立てであり，機が熟し，感じられた妨害に応じるという特殊なときに，知識は組み立て直しとなるが，これは，その組織体の再構成を意味する。したがって，これは進化もしくは発達である。それは外部から知識に生じたものではなく，知識の生命そのものである。操作の意識的な統御（すなわち論理的必然性の心理的経験）はそれゆえ，生物組織とその構成的な同化との法則に由来する。それ以上に，心理的経験としての論理的必然性は象徴的世界に属しているから，個人的な象徴世界の発達，およびこの世界の誘因と挑戦は必要条件となる。

要約するに，そして，これは他のほとんどの人と対照的なことだが，ピアジェは知識の構造主義理論のなかで，必然的論理（操作）の普遍的カテゴリーという，それを通して人間の知識の無限の開放性と豊かさが保証されるものの存在と必要性を認めている。操作自体は個人で構成されるしかない。これは子どもたちによってものと象徴の形成後の発達のなかで成される。論理の究極の源は同化という生物的過程である。これは常に有機体の組織に従って構造的であり，挑戦的な誘因があれば，その組織の再構造化をはかる。操作はそれ自体，発達的に，より原初的な生物的統御のなかに存在する法則と傾向の実現である。あらゆる同化（すなわち有機体－環境の交換）は順次有機体の全面的組織化に統合されるに違いない同化の手段（すなわち図式〈シェマ〉）を前提とする。これは統御を必要とする。しかし統御は常に有機体と状況，入力と出力，手段と結果との間にある論理的調整を含む。それゆえ，論理は常に人間の思考により概念化された抽象的なカテゴリーとしてではなく，進化と発達のなかの生きた統御として有機体の内部に在る。そしてそれは元来いかなる外部からの押しつけによってでもなく，それ自身の生活を通じて豊かにされる。これが生物学者であるピアジェが，哲学者が述べることはできたが解けなかった明らかな逆説を調停させる方法をいかにみつけたかである。すなわち経験的現実との関係における論理的必然性の位置である。

　実際，ピアジェが生涯にわたって熱望したのは経験的学問，特に生物学，心理学，社会学，人工頭脳研究，科学の歴史の全域を含むであろう知識の科学に向けて道を開くことであった。それは過去および現在の哲学者たちが提起した正当な問題を承認するが，その解決のためには経験的方法を適用することになる。選択される方法は前記の諸科学の学際的文脈のなかで知識の歴史的形成を研究することとなる。彼の言ったように，この方法の成果は「知識自身が構造物である」という主張によって決まる。

　構造物という用語を使用するのは論理だけでなくエネルギーの消費を含んでいるからである。ピアジェは新しさの構造物を知識の本来の機能であると

偶然考えたのではない。彼の理論は論理と新しさの統合をわかりやすいものとするよう特別に枠づけられている。かくして有機体－状況の相互作用に対する必然的な枠組みとしての知識は、それ自身を機能させることで、素材を豊かにする。それは自己－統御という意味で自律的である。しかし、同時に環境との相互作用を拡大させ、徐々に征服していくエネルギーは、その生物的始まりから知識の内部にある。私が前に人間の知識に特徴的なものとして述べたリビドー－象徴結合はそれ自身、知識と、生物的思考にとって当然のことである動機との関係の進化的な拡大である。

生物的行動の調整としての知識はそれだけでは、生物学自身よりも多くの動機を必要としない。人間のもの－形成によって、知識と行動との間の有機的つながりが破られてきたことを哲学者たちは正しく理解した。しかし彼らは、この分離が知識とエロス、拡大しようとする欲動、との結びつきをとりわけ緊密にさせたことに気づくことがなかった。拡大の範囲は今や無限に広がり、環境内のものは自己と他者との間の変化し続ける個人間の関係に織り込まれた。その人間の状況から人間の知識を取り出すということは、まさに知識がこの人間－社会的文脈（の構造物）であるがゆえに、幻想である。

独自の考え方をもち続けたあらゆる科学者や学者、自分の創造的な見方を伝えたすべての芸術家、難しい物質的または社会的状況に建設的に応えたすべての社会的また道徳的指導者、実際、他者に新しい形で関係する人びとは皆、自分の対象に情熱的に没頭している。彼らが仮に、自分自身の作成による象徴的世界に、ひどく集中的なやり方で情動的に結びついて住んでいなかったとしたら、彼らがそのようにできたはずはない。最も深い個人的な欲動（各人の無意識の心理のなかで安全に抑えられた）とのこの必然的な情動的結びつきと組み合わさって、社会的統制と意識的で個人的な責任の基準が生まれる可能性がある。この可能性は、発達した人間の心理に属する必然的な論理の直接的結果である。

ピアジェの操作は「あなた－に対する－私」という関係の最低段階の共通基準である。その操作に固有の論理的必然性の基礎のうえに、たとえあなた

第6章　象徴，生物学，および論理的必然性　159

が誰であっても，そのあなたとの自由で個人的な関係を築くことが期待できる。そして個人間の相互作用がその関係に建設的な限りにおいて，共同‐構成と協力がそこにある。操作とは何かとはまさにこのことである。これを相応に実施に移すことは，真理のように，近づくことはできても決して到達することはできない理想である。しかし，この不断の努力にとって，積極的な情動的相互関係によって不断に増進される必要はないという，知識についての欠落した観念以上に大きな障害はない。知識の構成と個人的な相互関係の構成とは一枚のコインの裏表なのである。

　本章のピアジェによる見通しからは，同化の論理が生物学の源と一致するということが提起されている。第5章で私は社会的な協力は人間化への出発点であるという見解に関する論議を整理した。この二つの前提から，人間にとって論理と道徳性の原理はともに実際，自律的だということがわかる。このことは次のことを意味している。つまり，発達的見地からは幼児期におけるこれらの習得は，偶発的な内容や情報を学ぶという形ではありえず，これらが機能している領域内に，すなわち，存在する個人的関係と相互作用に，発するに違いないということである。これが最終章のテーマになるであろう。

　操作の論理と協力の原理は相互に関連し合っている。規準となる道徳価値は，義務的な社会的関係の方向へ発達する進化的傾向の結果であり，この傾向の代償的側面は必然的論理の方向へ発達する。論理と道徳の規準となる価値の違いはそれぞれの起源を反映するであろう。進化と絶対的に，いや進化そのものと結びついている論理と，人間進化の生物学的機能に関連して結びついている道徳と，である。人間の協力が究極的に崩壊すれば，人間と道徳性の消失は考えられるが，生物的同化が残る状況では論理的必然性はあるがままの価値で生き残るであろう。

第7章
論理と欲望

　ピアジェの理論は，社会的および情動的要素を無視しているということで，広く，彼の構成主義的見地に好意的な書き手からさえ，批判を受けている。表面的な意味でこの批判は当を得ている。明らかに，ピアジェの当初の狙いは，必然的論理の諸カテゴリーに焦点を合わせ，それらが生物学に由来すること（心理起源）を探求することにあった。これらのカテゴリーはそれ自体，普遍的であり，つまり，社会的あるいは情動的な文脈を同様に無視したものである。或る本質的相対性の形を是認しようとする書き手たちは（生物学者と実用主義哲学者にさえ訴えればよいが，論理はそれが働くがゆえに有効だ），社会的および情動的次元にもっとずっと敏感であるように思われる。しかし，このことは問題の解決にはならず，問題の転移である。たしかにピアジェの理論は普遍的カテゴリーの問題の真正性いかんで，成り立つか否かが決まる。もしそれらが存在しないなら，もしそれらが生物的，社会的，あるいは経済的条件によって育てられた心理的幻想にすぎないのなら，その理論だけでなく，自律的な理性自体も不必要なものとなる。

　ピアジェが広範囲にわたって書かなかったということも，実験的に探求しなかったということ──社会‐情動的次元での注目すべき例外は別として──もまた事実である。その例外とは幼児の道徳理解の発達に関する著作である。それは（この分野の他のほとんどすべての仕事と同様に）彼がまだ

30代のときに書かれており，具体的な操作の論理的特性を発見し，論理群と体系に対し傾倒していくよりだいぶ前のことである。40年後にこの初期の仕事に関してインタビューを受けたとき（Evans, 1973：37），この理論が価値の分野に応用され得るかどうかを問題とした彼の仕事仲間の問をかわし，それほど深刻に受けとるべき類のものではないと，ほほえんで受け流した。また，後半生の別の機会にはピアジェ（1952）は臨床治療の面接技法を使った彼の初期の全著作についてほとんど弁明のことばで言及している。にもかかわらず，これらの本は児童心理学者として彼の初期の名声を築き上げた。それでもピアジェの大望は周知のように，はるか遠く，哲学的また生物学的問題の方向にあった，そして，世間は心理学から遠くはずれたようにみえるものに対し好意的ではなかった。ほぼ30年間，彼の仕事は大部分，無視された。そのアメリカにおける再発見はスプートニク後の教育改革と同時になされた。結果は逆説的なものとなった。つまり，ピアジェは自分の仕事を哲学者，自然科学および科学史の学者への呼びかけとしたのだが，彼の現在の人気を不動のものとさせたのはよりよい教育理論を声高に要求する学校の教師たちであった。

　年輩になってからのピアジェが若き日の仕事に対してとった態度を，現在および過去の誤解に対する間接的な形の憤まんと説明するのは容易である（「あなたがたは私の初期の研究を好み受け入れたが，後の仕事は否定した。だが，この初期の仕事は実際，非常に良くできているとは言えない」）。しかしおそらく，社会‐情動領域に関係する知識の探求を彼が続けなかったのにはもっと深い理由があるだろう。本物の他の革新者の誰もと同様に，ピアジェはこれらの問の含むものが永遠に広がる視野につながることに気づき（フロイトがすべての心理のなかに無意識の力を発見したときに気づいたように），論理的操作の本性と形成の手がかりとなる問題に専念することをよしとしなかったに違いない。

　（フロイトや他の誰の場合にも在るように）彼の場合にも個人的理由があったと付け加えるのはほとんど意味をなさないことである。ピアジェ

(1952) は神経症の傾向と宗教上の熱心さを合わせもった（フロイトが出会った患者の典型的なものである）情動的に不安定な母親から早くに自らを防御するために知的活動と著作へ逃避したと率直に語った。青年として，彼は別の分野において精力的活動期を過ごし，著作にははっきりした社会的および倫理的な究極目標をもつことが示されていた——彼に個人的な精神分析の経験があったことも思い起こしてみよう——。しかし，取り組むべきライフワークを最終的に見つけてから彼は社会‐情動問題に深入りするのを次第に避けるようになった。こうして，私たちにはちょうど未完成の芸術作品のように一連の孤立した言説が残された。これらだけから情動と社会適応性に関する彼の理論を作り上げるのは不十分だと言うことに私は異議を唱えない。

論理：象徴的思考の道徳律

　それにもかかわらず，私が明らかにしようと努めたように，ピアジェの理論をより深く理解すると，彼の言う認識主体が今までの章で述べた通り，実に社会的に結びつけられ，情動的にかかわりをもち，道徳的に自律した人間であるということが明らかになる。そこで，ピアジェは仕事を終えなかった，もちろん終えなかったと私は言おう。彼が望んだ方式で正当な科学としての発生的な認識論を築き上げるためにはなすべきことが数多く残されている。しかし，私には精神分析的洞察を無意識の心理学と（意識的な）論理的知識理論へ統合する仕事以上にさし迫ったものをみつけることはできない。認識主体（あるいは他の何らかの理想‐型理論の主体）であるこの道徳的にみごとな人は，やはり，無意識の心理の基盤なしに社会的に結びついたり情動的にかかわったりすることのない，血と肉をもつ人間である。さらにこの無意識の世界は個別に発達しており，理想的な合理性とは甚だしく隔たり，論理的一貫性あるいは道徳的完全性にもほど遠い。つまり，それはフロイトの言ったように個人的葛藤と利己的欲望の渦巻きである。それでもなお，そ

れは人となるために不可欠な基盤である。私たちは人の心理のなかの葛藤する無意識の欲動に明確に気づくことなく合理的な人間を叙述するような理論はどんなものでも，フロイトがしたように，正当に疑うべきである。

　ピアジェが仮にフロイトの動的な無意識を誤解したとしても（先に述べたように），ものの不変性と象徴形成の理論は，知識，情動，社会適応性の最初の発達上の結びつきを明らかにさし示している。「感情を保存する能力は個人間の感情と道徳の感情を可能にする」(Piaget, 1954 : 44-45)。ここに並置すべき三つの領域がある。「保存する」は象徴的に再構成することを意味する。すなわち，知ることと情動は個人間の関係の基礎にある。では，これらの情動はどこから来たのだろうか。「快感をもたらした人びとに対する好意の感情から」。ピアジェはこの快感を引き起こすものについては「人がそれぞれ相手から引き出して役立たせるものではなくて」，個人間のやりとりに寄り添う「価値と態度の相互依存状態」であるとした。

　手段関係または手段 - 目的関係という典型的な感覚運動行動のなかで発達するものと，象徴化された価値と態度の相互依存的形成によって確立される個人間の関係との間には決定的な違いがある。この象徴は快感の源であり，欲動を投入する最初のものである。こうした積極的な個人間の感情を家族依存の保護的状況下で数年間蓄積し，相互調整することで，6歳前後の子どもはより広い現実の世界，物体の世界と人間（同輩，社会）の世界へ入る準備ができる。物理的世界と社会的世界の両方で子どもはそこでの関係自体に由来する規準というものに気づき始める。ピアジェは約束された土地への案内標識のようにこの二つの世界を，彼の理論を取り囲んでいる先に触れた言明の一つで有機的に関連づけたが，言明は練り上げられてはいない。「道徳律は行動の論理であって，それは論理が思考の道徳律であるのと同様だ」(1954 : 13)。この言明は，先出のものと同様，知性と感情についてのピアジェの1953年の講義におけるものである。しかしながら，これはそれより20年も前に子どもの道徳的判断に関して書いた彼の著作中に最初にみられるのである。

そのなかでピアジェ（1932）は，正か悪かの子どもの判断を研究し，それまでの人が推測だけしていた次のことを確証した。すなわち，道徳性には二種類あり，一つは服従と一方向的配慮との関係に根ざし，もう一つは相互依存と相互配慮の関係に根ざすということである。幼児期という条件がゆえに，社会生活は，生涯を通しては入れ替わるが，若いほうの世代に対して年とったほうの世代の強制力を常に示す一方向的配慮で必然的に始まる。しかし，並行して，仲間が同等であり，その関係の規準が相互の協力で作られるもう一つの社会生活の形態がある。これが，幼い子どもの遊びのなかにピアジェが観察したものである。この証拠に基づいて，彼は，強制的な服従の道徳と対照をなす，協力の道徳の自然な発達を強く主張した。彼はあたかも協力の道徳が外部から強制され得るかのように，服従の道徳が次第に協力の道徳を併合するという考えを否定した。むしろ両方の形態が社会生活のあらゆる具体的例のなかに存在すると考えた。しかしながら，ピアジェは個人的および社会的関係が理想的な均衡の形態としての協力の道徳に向かって発達することができることを保証するのは協力的な形態のみであるという考えをもった。

それゆえ，ピアジェは，彼が知識の発達に起因するとした拡大する自動統御（もしくは均衡化）の発達法則と同じものを社会関係のなかに見いだした。これも明らかなことだが，二つの異なる社会適応性の規準は，各々外因性（外部から）と内因性（内部から）と呼ばれるべきであり，それによって，社会的発達と進化的発達との結びつき（第6章で考察した）もまた明白になる。しかしながら，「内部」は個人の内部を意味するのではなく，個人間の関係の内部，つまり，先に述べた「価値と態度の相互依存状態」の内部であることに注意されたい。1932年の著作のなかで，ピアジェは，知的交換という点から考えた社会的協力がたぶん論理構造というものを明らかにできるであろうと示唆した。言い換えれば，社会的協力についての内省から論理的操作が生まれるだろうということである。20年後，彼は見解を変え，それまでに自分のしたことを以下のように批判した。

私は全体 - の - 諸構造という点からの説明にほしいと思っていたものを思考の社会的側面（これは論理的操作の形成に必要な側面だと今でも信じている）を研究することで満たした。理想的な均衡状態は，まさにこの協力によって自律的となる個々人の，その間での協力にふさわしいものだ。(1952)

　それはそれとして，一方で，ピアジェは論理の根源を，7歳の子どもが具体的操作において知的なことばのやりとりをする可能性よりはるか前に，さらに，感覚運動行動において幼児がことばを獲得する以前のところに発見していた。また彼のもの - 形成の，および，象徴 - 形成の理論も新しいものであった。行き着くところとして，私たちの知っているように，彼は生物組織そのもののなかにこそ論理が存在することを主張することになる。そこで，彼は意識的な論理操作と社会的協力を一方から他方を説明することのできないような同格の均衡の成果とみなした。

　社会的協力に関しては，ピアジェは前述した個人的かつ戦略的理由があって，この包括的な声明以上のことは決してしなかった。また，それ以上の意味をはっきり説明することもしなかった。それでも，ピアジェが潜在的に関連していると認めた付加的な寄与が二つ存在した。すなわち象徴形成(1946)と社会的価値の相互形成に関する理論 (1965) である。すでにみたように，彼は個人間の感情と道徳的感情を，ものと象徴の形成を発達させることと結びつけた。そしてここが，相互的社会的価値と「快感をもたらした人に対する好意」が最初に形成されるところである。そこで，ここに道徳性と意識的論理の両方の芽生えがあると言える。

　しかし，ピアジェが根気よく感覚運動行動の論理から明白な論理的操作へと一歩一歩追跡したにもかかわらず，道徳性に関しては匹敵することは何もなされなかった。本書はこのギャップを埋めるための試みとみなしてほしい。だから，私の関心はピアジェの象徴的機能の説明をフロイトによって述べられた象徴的 - 情動的世界の豊かさと関連づけることにある。さらに，私

は社会適応性，個人間の関係の快感は実はそれ自体が目的であることを示したいと思った。そして，人間化に関する人類学的研究もまたこの方向を示しているということを私は提唱した。

道徳律が行動の論理であると言われるとき，「行動」の意味するところは他の人びとの行動という社会的文脈内での個人間の関係や行動である。しかし，論理が思考の道徳律と言われるとき，論理がそこに向けられる内容とは，物体ないし物体の補足的反応に対する人間行動の手段的関係である。手段的行動において私たちは成功を求め，行動調整をじっくり考えて，意識的な論理操作に到着することができる。翻ってこの操作は新たな手段的行動の理解へ応用することができる。しかしながら，個人間の行動においては私たちはおもに象徴的価値の共有を追求するのであり，これが人間関係の基礎となる。これは第2章から第4章にかけて示したように象徴世界の構成によりなしとげられる。この構成は子ども時代初期の主要な課題であり，また，おそらく人間化の主要な課題である（第5章）。

発達の途上で，また，大人の社会的生活のなかで，個人間の行動と手段的な行動とはますますより合わされてゆく。そして，所与の問題に対する論理的に一貫した共同の作業と相互に補い合う関係という二重の意味での協力は実際，望ましい理想である。しかし，手段的行動についての内省と個人間の行動についての内省との間には違いが残る。個人間の関係についての内省はより複雑であり，外的な必然性によって強要されることはずっと少なく，とりわけ，それ自体，その関係が影響を与える行動とは相いれないものである。最後の点をまず取り上げ，行動が本来もつ芸術的‐美的要素を取り出してみよう。手段的行動のしくみを理解することと，その行動を首尾よく果たすことはともに，当の行動を「客観化する」態度，すなわち，成功と統制である。しかしながら，個人的‐社会的関係あるいは道徳的状況を理解することは，その関係や状況のなかにいることとはまったく違ったことである。フロイトなら，聞くことによって何かを知ることと，経験することによって知ることとは別々のまったく違った心理現象だと言うところである。

このことは個人間の知識に関する他の諸点につながる。ここでもフロイトは次のように述べている。個人的および社会的な相互関係の源は相当程度，無意識（単に手段的関係の場合のような前意識ではなく）にある。この心理的諸領域での内省は必然的に限定され，個人的にかなり困難を伴うものである。結局，生き残りをかけたまったくの物質的必要性によって，しばしば手段的行動のまちがいを予知し，成功を確実にするような内省が課されることになる。逆に，社会的および個人的な関係には強い伝統的な強制の力と服従がほとんど常に存在する。私ならこれを「社会的無意識」と呼びたいところだ。これは建設的な内省に必要とされる相互に同等で互いに与え合うという態度に直接抗する形で働く。

　それでは論理はどんな意味で思考の道徳律なのであろうか。ピアジェの理論が，知識が新しさに関して建設的，生産的であるという限りにおいて，おもに知識に関係しているということを思い出してみよう。まったく習慣的，日常的になった知識というものは実にその真の能力の，影の薄い哀れな痕跡であり，それ自体，当の問題や十分に訓練された神経回路網に対する適切な注意以外に何ら説明を要さない。しかし，形成時の知識というものはまた別な話であり，ここではその能力は十分な‐強度を‐もって学ばれ得る。だから，一個人においてであれ社会においてであれ，知識習得の観察が実り多いだけではなく，他のいかなる方法によっても置き換えられないのである。

　しかし，数の操作を理解するようになった6歳の女の子は新しいものを発見してはいない，と口をはさむ人がいるかもしれない。ちょうど今日，地球は太陽の周りを回っていると学ぶことがコペルニクスの新しい洞察と同じではないように。その通りであり，また，その通りではない。最初の発見というのは別のものであり，われわれはそれを天才の最初の創造と呼ぶ。それは習慣的思考の重さに打ち勝ち，かつ個人的また社会的条件の稀な組合せによって生まれる。しかしながら，明らかなことが一つある。その創造者たちが敢えて知られていないことに関わり，可能性を新たな現実へと変えようという欲動と拘束をもたらす情熱的な個人的関係を対象に対してもっていな

第7章　論理と欲望　169

かったら，その新たな知識の対象は決してつかめることはなかったであろうということである。

　数を学ぶ女の子は無論これとは違うところにいる。何よりも，社会からはそれまでに習慣的な社会の知識となっているものをこの女の子が習得することに対して報酬が与えられる。そうではあるが，この子のもつものの見方に個人的な新しさがもたらされる。自分で大事にしていた信念を，それはそれ自体過去に個人的に達成して習慣的となっていたものであるが，それを放棄せねばならなくなる。そして，この子がその一部になりたいと思っている社会によって提案されているものに応えて新たな知識の組み立てを再構成しなければならない。この女の子のなかにもそれは異常なほどではなく，情熱と拘束があるが，そのために人はこのことに気づきにくい。子どもは皆，自分の知識を，情熱と拘束を含めて，十分な強度をもって，つまり，力いっぱい使う（これは「最上の潜在能力」とは関係ない）。他のいかなる理由によってでもなく，このことによって彼らは発達するのである。

　子どもが大きくなり，やがて思春期や青年になるにつれ，個々人の知識，人間関係，情動は相互に緊密な関係をもって心理的に組織化されてゆき，おもに論理的操作の達成がもたらす結果としてこの組織化は安定をみる。年をとるとともに，私が十分な-強度を-もつ知識と呼ぶものは次第に難しくなり，それゆえ，めったにみられなくなる。その結果，成人レベルでは知識における新しさが容易にあるいは素早くなしとげられることはない。生涯的な出来事としては，この新しさは達成されるのにたいてい何カ月も何年もかかり，また，社会的な強制と機会が欠くことのできない役割を演じる。

　私は「情熱」と「拘束」ということばを知識の発達と結びつけて使ってきた。私はこれらのことをもっと明らかにしてそれぞれに本当の名をつけるべきである。「拘束」は考える人たちの共同体に参加して，知識の本来的にもつ規範に従うことを不可欠とする態度としてまさに象徴的思考の道徳律である。知識とは，ピアジェが常に暗示したように個人間の関係である。それは共同-構成であり，協力であり，異なった観点の調整をいつでも含むもので

ある。しかし，意識的な論理や道徳律の一般的原理はそれ自体，行動‐分離されている。情熱には特定の人としてのあなたをあなたの行動の特定の対象に結びつけることが要求されている。その対象はあなたにとって「現実の」ものでなければならない。この結びつきにおいては論理的および社会的客観性というものは，フロイトが二次的過程と呼んだものの全心理がそうであるように，大いに見当ちがいである。ここで考慮に値するのはあなたの無意識のイドに消えずに保存されている幼児の世界の快感の現実である。

　部分的に（自我として）社会化され，昇華されたイドは，人が物体の論理に従って防御的かつ限定的に同化するか，生命の論理に従って生産的に同化するかを決定する際の究極の地盤である。「物体の論理に抗し，生命の論理に従って行動することが道徳律のすべてである」と，無意味な殺戮であった第一次世界大戦の余波のなかで若き生物学者ピアジェは書いた。そしてそれからの60年間の彼のひたむきな狙いは，同化に基づいた知識の理論，生物的行動の論理をうちたてることであった。

　ピアジェは「ピアジェ理論」の最も厳しい批評家というお気に入りの役割を果たすものとして，1975年，彼の均衡モデルのまったく新しい版を出した。そのなかで彼は，認識構造の均衡を発達の中心的問題だとした（知識と発達が暗に同等とされていることに注意）。先に簡単に述べたこのモデルは，新たに目につくものを詮索し，新しい可能性を切り開こうとかりたてられる個々人を同化するという論理を生き返らせる。これはピアジェのかつての蓋然論と論理的次元の機械論的モデルから遠く離れたものである。

　同じ調子で，彼は死去する少し前，以前に論理的操作について正式に叙述したものに欠点があることに気づいた。その欠点とは「論理と真理の拡張した目録という伝統的なモデル［すなわち物体の論理］とあまりにも結びつき過ぎていたことだ。子どもにおける論理的思考の自然な成長を把握するためのより良い方法は一種の意味の論理を追求することだと現在私は信じている……意味とは決して孤立したものではなく，相互に内含する意味をもつ，意味の体系のなかに常にさしはさまれたものである」(Piaget, 1980 : 5)。

象徴的意味の論理はフロイトとピアジェを統合したこの理論がまさに主張しているものである。各個人の内部で，「相互的に内含するものをもつ意味の体系」は，子どもが「私の‐ものが‐欲しい」という欲望に動かされて，再び‐見つかった‐ものの快感の内に象徴の意味を初めて見出した，その初期の発達時期に戻り着く。

論理としての知識　対　欲望としての知識

本書では知識を目下の行動や在り得る行動の一般的調整とみなすピアジェの基本的な仮説について論じてきた。この仮説は，知識を論理構造と同一視して，あらゆる調整は論理的構造をもつとみることとさして違わないように思われる。それでは，この見方においては知識は論理と論理的構成物以外の何ものでもないのか。この直接的な問に対してピアジェは「その通り」，もしくは「その通り，だが……」と答えねばならなかったであろう。なぜなら彼は二，三の重大な前提条件をなんとしてももち出してくるだろうから。第一に，この質問の意図する知識は，せいぜい在り得る知識の空虚な手順しか意味していない。第二に，論理という概念は形式的な命題論理に限られたものではない。むしろ論理的構成物をそのなかに含むあらゆる体系，たとえば感覚運動行動の調整のようなものにまで広げられねばならない。さらに第三の条件がある。すなわち，「行動の」という語句は先の知識と論理の同等性に暗黙の内に加えられている。仮にこれらの条件が明確にされるなら，知識と論理を同等視するというわかりにくい抽象観念も現実の行動やあり得る行動という豊かな具体性になる。

この行動の世界で，ピアジェは論理的構造の第一の区分を生物学的にあらかじめ組みこまれた行動を調整するものと，個々人の発達に開かれたものとにすることが妥当だと考えた。彼はこれを指して本能が「噴出すること」と言った。この区分の向こう側に，進化的に獲得される生まれつきの知識があ

り，他方に，発達的に獲得される行動知識がある。論理的構造の第二の区分は人間の発達を考えるに適切なものであり，それが本書の大部分を占めている。すなわち感覚運動構造と操作的構造という分類である。前者は目下の行動を調整し，後者（前操作を含めた操作）は起こり得る行動を調整する。本書のことばで言えば，初めのものは行動知識専用であり，二番目のほうはもの知識専用である。第一の区分は生来の知識の組みこみの噴出を暗黙裡に含んだ。第二の区分も目下の行動からの行動のものの分離として説明された心理的断絶を必然的に伴い，こうして別の知識のものを構成する。

象徴形成はこうして，象徴的所産が知識のものの具体的な再構成である限り可能になる。明らかに，もの知識という論理的処理能力なしには象徴というものは存在し得ない。一方，最初の象徴的表現におけるもの知識から十分達成された論理的操作の構造――論理的必然性として主観的に経験される――へと発達するのは10歳から15歳の間である。

ピアジェの発展理論についてのこの概要において，知識はその行動方向を含んでいるにもかかわらず観念的で，個人というものに適切に結びつけられずにあった。ピアジェの論理を知的に過ぎ，かつ，社会的，情動的な面で貧弱だと批判する読み手は通常この論理的側面だけをみている。さらに，この論理の構成的な行動本性を理解しそこなっている。ピアジェの理論は，無数の形態をもつ人間の知識を知るのに適切な心理学ではないし，また，決してそれを目指したものではなかった。彼は意図して一つのことだけを目指し，あの心理学を可能にさせた一般的論理構造の発達的起源と本性を究明したのである。ピアジェの手によって，論理的構造と知識を同等視する視座から，現代心理学中の他の唯一のもくろみ，つまり，フロイトの研究，に匹敵し得る多数の相次ぐ経験的理論的洞察を伴う巨大な視野をもつ研究のもくろみが生まれた。

このことは，ピアジェの最初の考えの豊かさを示すのに十分というべきであろう。しかし，一つの目的をもって進むにはそれだけの代価を支払わねばならず，フロイトとピアジェの二人はそれをしなければならなかった。一つ

の結果は，二人とも学術的な心理学という科学に居心地よく含められることがないということである。もっと重要な障害は，ピアジェの論理的仮説を，吟味する必要のない月並みな考えや理解できない戯画へと転じてしまう，彼の仕事の一面的な受けとめ方である。ピアジェの理論がしばしば発表される，そのやり方において，この理論への否定的になされた諸論評は私にはまったく正当化されるようにみえる。解釈のしかたになぜこのような大きな相違が存在するのか。また，私の見方からすれば，実り多く興奮させるようにみえるこの理論のまさに主眼がなぜこれほど共有し理解させることが難しいのか。

　形式化された体系という意味での論理はたやすく受け入れられる。コンピューター革命により，少し前には言わば考えられなかった中枢神経系の探求が促進されると同時に，複雑な論理モデルの作成が可能となった。情報処理と脳研究というこの二部門の科学的試みは現代のコンピューター科学技術，およびわれわれの公私にわたる生活を変えつつある情報革命と歩みをともにしている。コンピュータープログラミングと情報処理の論理はまさに物体の論理であり，それは形式化された体系に一致する。具体的な行動のリビドーに，論理的枠組みに生命を吹き込む欲望および情動に，その場所はない。

　ピアジェと現代の認知科学の双方は，その基本的仮説において論理に焦点をあてているようにみえるが，両者は論理を正反対の方法で扱っている。ピアジェにとって論理は，特に科学者の明確な論理は，理由を明らかにされねばならないものである。論理とは知識一般との関連で何であろうか。それはどのように機能し，論理の主な産物はどんなものであろうか。これらの問は認知科学にとっては自らが論理的モデルの構成に携わっているためにまったくのお門ちがいとなる。知識とは行動論理と同等であるというピアジェの仮定は，心理学と生物学に関連した研究を大きく拡張させただけではなく，研究の主題の厳しい制限をも結果として招くことになった。これは偶然の一致ではない。科学の進歩はつねに探究の対象の限界を作ることを道連れとして

きた。

　これとは対照的に，認知科学（cognitive science）の対象はその名前をそこから借りた名詞と同様にあいまいで正しく定義されていない。認知（cognition）とは単純に知識のもう一つのことばである。それは形容詞と動詞による言語的形成に適合しているという，また，――心理学の古いトリックとして――専門用語であるという付加的な便利さをもつ。これは日常言語のもつ含意との混乱を避けるのに役立つ。もう一つの専門用語はもちろん情報であり，それが脳やコンピューターのなかでそれに関してなされ得ること，つまり，貯蔵，検索，処理である。認知科学にとって，形式化された論理の形態をとる論理は，論理数学的モデルのことばでは道具であり，その対象は数えきれない知識の対象と同様に巨大で定義づけが不可能である。しかしながらピアジェにとって論理とは，あらゆる生物学的行動の一般的な調整と同様，彼の研究の対象そのものであり，彼は適応という，そして，進化的または個体的発達という，生物学的モデルを使った。情報科学者が，所与の物としての情報から，知識の対象から，出発するのに対し，ピアジェはそれを通じて生物体が情報を，知識の対象を最初に構成する，論理という生物学的能力から出発する。ものを同化するということはものに構造を与えることであり，論理的組み立てなしに構造を与えるということはあり得ない。

　カントは信仰に対するスペースを空けるために科学に制限を加えねばならないと言った。すると，ピアジェは論理的構造のために知識を制限し，それによって相対的な自由と，あらゆる人間知識に存在する欲動的情動とに余地を与えたように私には思える。知識の観点からは，ピアジェにとってものは同化される何かであり，それは図式の論理的構造に従って構造化されるということを意味する。しかし，ものの観点からは，それは同時に主体がそれに対して，手もとの知識図式を調節したいとして，望まれ，選択される何かである。知識を論理的要素に制限する作戦によって，具体的な知識対象において知識と欲望が結合していることが実際，みごとに人に理解しやすいものとなった。この結合は，2歳の子どもが構成し始める象徴的世界において，誰

にもわかるように明白である。そして，この年齢において，知識の諸対象が強い欲望の対象であること，あるいは根本的に個人的なもの，さらに言えば個人間のものであることは強調されるまでもないことだ。「私の‐ものが‐欲しい」というのは，幼児の最初の知識に関する態度であり，そこにあっては論理，欲望，個人間の関係という別々の要素に分けるのはたやすいことではないのである。

　人間の知識それ自体を考える学者たちは，子どもの知識についてのこの像では決して満足しなかった。彼らは子どもたちの知識が幼い年齢では個人的な欲望と引き離し得ない形で混同されているということに同意するにやぶさかではない。このことが理由で，彼らは知識という語を子どもや動物に使うことに好意的ではなく，大人の世界で認知される客観的知識に限って使うほうがよいとする。同様に，ゼスチャー，想像，夢，社会的言語を含む一般的象徴機能という概念を嫌う。こうした懸念をもつ理由は明白である。彼らの言によれば，言語と客観的知識は，幼年時代に典型的な象徴的‐個人的‐情動的所産とはまったく違った別のカテゴリーに属すからである。彼らにとって，また私たちの文化のなかでは大部分の人びとにとって，物理的現実の世界，主観的な個人的所産の世界，客観的な個人的所産の世界というポパーの三つの世界への現実の分類はまったく理解できるものであり反対し得ないものである。この最後の世界，「世界3」と呼ばれるものは科学，芸術，そして永続する文化的成果から成る。

　生物学者としてピアジェは第一の分類に異議があったであろう。人間以下の生き物はこの構成のどこに入るのか。それ以上に，生物体をそれが生きる生物学的環境と分けることに意味があるのか。しかし，目下の考察の焦点は世界3の区別づけに，また，それが当然含む，（そのいわゆる客観性をだいなしにするであろう）個人的主観的欲望の無効化にある。なぜこのように主体性を恐れる空気が広がり，このように主体的行動の読みちがいが生じるのか。作り手たちが無意識の近親姦や親殺しの欲望に突き動かされていたかもしれないという理由で，ベートーベンの音楽はその分，美しさが減り，

ニュートンの引力の理論はその分，客観性を失うというのか。

　ピアジェの論理的知識構造の発達に関する理論は有機体連続性の理論である。また，フロイトの子どもの象徴的世界の原抑圧とそれに続いて起こる欲動の昇華に関する理論も同じである。ピアジェにとって段階的進歩とは決して低次の段階を総排除するのではなく，——私たちは感覚運動行動や前 - 操作的象徴と価値なくして人間として機能することはできなかった——より高次の段階での再構成において（常に部分的ではあるが）とりこむことを意味した。抑圧とはフロイトにとって，決して子どもの欲動と欲望の決定的排除を指すものではなく，どちらかと言えば，逆のもの，人間の無意識の心理のなかにある両者の永久的保存に力点を置いたものである。両理論において他の人びとに対する激しい欲望と情動は発達に関する背景であり条件である。この個人的な愛着とその発達の歴史が子どもの社会化と普通に言われているものを形成する。

　もの知識と象徴形成によって，子どもにはそれを通して自分の愛着を，「私の - ものが - 欲しい」を，自分の主観的心理的現実（これはポパーの世界2の出発点か）として再演し，再表示することができる論理的構造というものが身につく。子どもは次第に行動と欲望の遂行者としての自己に気づくようになり，同時に，他の人びとがその人たち自身の行動と欲望をもった人間だと気づくようになる。さらにほかにも，自ら行動したり欲望をもったりすることはできないが，それでも人に不思議に関係して（たとえば人に所属する，人に使われ得るだけである），定期的に知覚されるものがある。この結びつきを深め，広げたいという欲望は動的な心理的力であり，他人たちと自己についてのより分化された知識にとって，また，増大する知識と象徴形成一般にとって，不可欠のものである。個人間のコミュニケーションと行動の共有は生まれたときからたしかに存在したが，子どもが十分に象徴的なやり方で言語を使うようになるにつれ，新たな性格をおびる。このとき，知識のものは目下の手段 - 目的行動とだけでなく，目下の手段 - 目的欲求とも区別される。つまり，個人間の関係がそれ自体，目的である。

第7章 論理と欲望　177

　5歳から7歳の間に子どもの社会化は発達の臨界閾(いき)に到達する。自分の最初の論理的操作，すなわち論理的必然性と推理の自律的な操作の衝撃を経験する地点である。現実の社会的世界の入口にさしかかり，過去の歳月をかけて構成した私的で自己中心的な世界から出ていく準備が情動的にできている。ピアジェのことばで言えば，子どもは最初の具体的操作を成しとげるのであり，フロイトのことばでは，エディプス・コンプレックスの世界の崩壊（原抑圧）を経験し，（超自我の形成とともに）欲動の昇華への途上にあるということになる。さて，この二つの――論理的一貫性に対する，また，他人の観点に対する――態度はまさに合理的客観性につながり得る，他にはない，二つの規準である。

　それゆえ，世界3の客観性は人間の情熱や欲望の外にあるものではない。それは各々の子どもの発達において，論理的一貫性，および，他人との共有（と他人の賛同）を経験するなかでの強い快感に，そして論理的非一貫性，および共有できないことを経験しての相関的な不快感に発したものである。こうした受け止め方はあらゆる文化的，芸術的成果や知識達成の根源に残っている。そして原抑圧，すなわち無意識のイドの明確な形成は，同時に，十分な知識の合理性と社会化された現実に向かって自我を明確に開放することであり，このことはともに自律性と相互依存性のうえに成り立つものである。

　欲動に関する文脈での昇華$\overset{\cdot\cdot\cdot\cdot\cdot}{される}$とは，知識と現実性の文脈での現実的$\overset{\cdot\cdot\cdot\cdot\cdot}{な}$と同じように，社会化されることを意味する。社会化された人は他人への愛着など必要とするはずがない，などと言い出すだけでも意地の悪いようなことだ。これがたとえ知識を増やし吟味することに没頭する人に関してのみ主張されたとしてもである。当人独自の形式的で前後関係とは関係しない論理的構造だけに気を使い，個人的な内省の力で或る新しい洞察をわがものとするような形式的思考者という戯画はピアジェの精神には無縁であった。実際，形式的な思考の対象とは何なのか。あいにく「形式的」という語は脱文脈化されたものを，特に感情的かつ社会的偏見から抽象され，要約して表現されたものを，象徴的命題を意味している。こうした命題は，これに基づい

て形式的な思考が操作されるが，常に，考えている人の主観的構成であること，それは，具体的な出来事に対する目下の調節やあり得る調節を暗に含む具体的な操作において以上にそうなのだということは忘れられる傾向がある。実際，形式的な思考において私たちが調節する直接的対象は，私たちがその考えに配慮をする他の（現実のあるいは仮想された）人びとである。ここで配慮をするということばは是認するという意味ではなく，まじめに取るという意味で使われている。

　もし，大人の論理的操作が事実，論理的な閉鎖と完了という或る最終的な達成であるとすれば——この操作は同時に論理的必然性と無限の開放性のための必須の道具である——知識の基本的「機能」は，第5章で示されたように，人間化の進化的機能と一致するとみることができる。調節の対象の側面では，知識は他人（の見方）との協力と他人への配慮とに分かちがたく結びついている。同化の主体の側面では他人の判断に頼らない自律性という幻想を抱かせ得る，文脈から独立した，必然的な論理的組み立ての構造がある。これが幻想であるということは（カントが指摘に苦心したように）論理的には表示され得ない。しかし，思想とイデオロギーの歴史という包括的意味において歴史は幻想の力とその誤りやすい結果との両方ともが本当であることを証明している。このこと自体はそれほど悪いことではないと言える。結局のところ私たちは自分のまちがいから学ぶことができるからだ。しかし，誤りやすい結果というものは知識に限られるということはなかった。悪い知識と悪い行動はしばしば相伴って出現する。知識と行動との間に有機的関係があることはしばしば理論的考察では否定されるが，社会と個人の具体的歴史においては常に明らかである。「生物学が束ねたものを推論がばらばらにすることは許されない」。

　しかし，このことがまさにピアジェのなしとげたとみえることではないのか。そして，それに対して，本節冒頭の声明，知識と論理構造を同等化するという彼の導く仮説以上に強い証拠は作られ得るのか。ここに，ピアジェ理論の多くの解釈に責任を負わせて，それをほとんど反対のものに転じた誤解

第 7 章　論理と欲望　179

こそが犯人だと指し示してよいと私は思う。私が先に明らかにしようと努めたように，知識をその一般的論理構造に限るということは決して知識の論理的モデルを構成することと同じではない。ピアジェは確固として生物学的モデルを使い，そしてそれに従って，知識を，知る人と知られるものとの間（行動の動作主と対象との間，知識の主体と客体との間）にある相互依存的な有機体 - 状況関係として概念化した。

　知識を精確な論理の様相下で研究することにより，彼は二つのほとんど相反するものを作り上げることができたのである。彼は論理的構造を生物行動のなかへ正しく拡大し得たが，それは明確にされた論理的意識の重要な属性のみつかるよりずっと前のことであった。同時に，彼は最優先の必然性をそれ自身の原則から引き出す，また，この意味で文脈から独立している，大人の論理的理解を確証することができた。この見方を一貫させることで，彼は論理を進化の結果とみなす新ダーウィン派こぞっての意見に反対せざるを得ない不人気な立場に立つことになった。彼の主張は第 6 章で示したように，必然的な，文脈から独立した論理は，この文脈の偶然の発展のなかには決してその源をもち得ないというものであった。同様の理由で，子どもの社会的言語の習得や使用は大人の論理的思考の発現を適切に説明できるという同様に人気のある意見を受けつけなかった。

　本節で少し前に，ピアジェが知識を論理的構造と，また，組み立てられつつあるものの追加，すなわち目下の，あるいはなし得る行動の論理的構造とすら同等とみなしたことはいまだにあまりに全般的，一面的で，誤解されやすいということをみてきた。その具体的な社会的人間との結びつきは示されなかった。ピアジェ独自の，調節を相対的に無視することと論理的同化を不断に注視することを組み合わせる手法がしばしば誤解を起こすことになったのは否定しがたい。それにもかかわらず，ピアジェが論理としての知識を提示したことで，必然的な処理上の合理性という論理を無にしなければならないこともなく，また，具体的なものに対する無意識のリビドーの欲望もない，欲望としての知識に意味深く言及することが可能となっている。同化の

論理的方向を，個人のまたは文化の不適切な偶然性から概念的に孤立させることによって，そして，その進化と発達の自律的形態を強調することによって，私たちは論理的体系という，閉じられた完結そのものと文脈から独立した必然性を，個人的な自由と欲望がそれに抗して作用し得る安定した錨として使うことができる。

実際，調節はピアジェ理論の提示と理解の間にあるミッシングリンクである。これは同化に対し相互に作用し合う位置にある。同化のあらゆる対象も同様であり，調節の対象もまた然りである。あらゆる同化の陰には論理的調整と論理的組み立ての閉じられた完結があり，ここでピアジェは安住することができたのである。しかしながら，あらゆる調節の陰には個人の欲望と選択という無限の開放，実際，潜在的な混沌がある。ピアジェは知識の図式(シェマ)を同化の道具としたが，注意深くも，それを調節の道具と呼んでも意味をなさないだろうと指摘した。しかもあらゆる知識図式(シェマ)が情緒の図式(シェマ)でもあるとためらわずに言った。他者への開放の道具に対応するのは実際，何であろうか。ここで私たちは知識の分野から離れ，フロイトの言う欲動と欲望に頼らねばならない。

子どもに初めて感覚運動行動と知識を切り離すよう，そして，個人的な象徴構成に情動的に付着するよう，動機づけた欲動と同じものが最終的にはより広い社会的現実へと移されなければならない。これはフロイトの昇華についての明確な伝言であるが，世間はその否定的様相――無法なイドの現実統制――を考えることがいつも好きだったのであり，その積極的な力学を受け入れたがらないのである。欲望と知識は，2歳頃リビドーが象徴を介して拘束されたときに結びつけられた。昇華された欲動は依然として欲望であり，大人の，その‐十分な‐強度を‐もつ‐知識である。行動‐分離されているかもしれないが，否，まさにそうであるがゆえに，無意識のイドと情動的に結びついているに違いない。創造的芸術家はこの知識‐イド連結を尋常ではないほどもっていることが知られている。彼らがそのなかで創造する象徴的世界はあらゆる子どもにとっての最初の象徴的世界と同様に，彼らにとって

強烈に現実的なものなのである。

　フロイトは超自我の道徳律がイドの無意識の力とつながっていることを明らかにした。無意識の情動とは無縁であるとみせかける道徳律は，不正直なだけではなく，長い間には個人的にも社会的にも破壊的に働く。本書の狙いは，ピアジェ理論の徹底的な構成主義のなかに生物的欲動と意識的知識の論理との間にある必然的な結びつきを認めるだけではなく，実際にその真実を主張する全体像をおそらく初めて私たちが手にしたということを提唱することにあった。知識はフロイトによる道徳律に関してと同様に，その本能的起源を隠そうとするとき，建設的エネルギーから切り離されて制約的で究極的に破壊的なやり方で働くよう放置される。人間の情動と知識，欲望と対象はたがいに対立などするものではない。一枚のコインの裏表であり，人間の社会適応性の生物的進化と子ども各々の個人的発達のなかに共通の起源をもつ。この見解を受け入れることで，個人的および社会的知識の機能と限界を正当に評価することに貢献できるであろうと私は信じている。これは，この知識とそこに内含された力の責任ある社会的利用にとって前提条件であろう。ピアジェの理論は，現在，建設的かつ破壊的な力をもつに至った知識に対する時宜を得た理論と言える。

参考文献

Bringuier, J. C. 1980. *Conversations with Jean Piaget.* Chicago: University of Chicago Press.
Curtiss, S., V. Fromkin, S. Krashen, D. Rigler, and M. Rigler. 1974. The linguistic development of Genie. *Language,* vol. 50, no. 3.
Evans, R. I. 1973. *Jean Piaget: The Man and His Ideas.* New York: Dutton.
Fisher H. 1982. *The Sex Contract: The Evolution of Human Behavior.* New York: Morrow.
Freud, S. 1895. Project for a scientific psychology. In *Standard Edition of the Complete Psychological Works of Sigmund Freud.* 24 vols. James Strachey, tr. and ed. London: Hogarth Press, 1953–1974.
—— *Gesammelte Werke.* 18 vols. Anna Freud et al., eds. London: Imago, 1940–1951.
1900. The interpretation of dreams.
1912. A note on the unconscious in psychoanalysis.
1913. An evidential dream.
1914. On narcissism: An introduction.
1915a. Instincts and their vissitudes.
1915b. Repression.
1915c. The unconscious.
1918. From the history of an infantile neurosis.
1920. Beyond the pleasure principle.
1924a. The dissolution of the Oedipus complex.
1924b. A short account of psychoanalysis.
1925. Negation.
1926. Inhibitions, symptoms and anxiety.
1927. The future of an illusion.
1933. New introductory lectures.

Furth, H. G. 1966. *Thinking Without Language: Psychological Implications of Deafness*. New York: Free Press.
—— 1973. *Deafness and Learning: A Psychosocial Approach*. Belmont, Calif.: Wadsworth.
—— 1981. *Piaget and Knowledge: Theoretical Foundations*. 2d ed. Chicago: University of Chicago Press.
—— 1983. Symbol formation: Where Freud and Piaget meet. *Human Development*, vol. 26, no. 1.
—— 1983. Freud, Piaget, and Macmurray: A theory of knowledge from the standpoint of personal relations. *New Ideas in Psychology*, vol. 1, no. 1.
Humphrey, N. K. 1976. The social function of intellect. In P. P. G. Bateson and R. A. Hinde. *Growing Points in Ethology*. Cambridge: Cambridge University Press.
Kant, I. 1786. Putative beginnings of the history of humankind. In *Werke*. 6 vols. W. Weischedel, ed. Wiesbaden, Germany: Insel, 1960.
LaBarre, W. 1954. *The Human Animal*. Chicago: University of Chicago Press.
Langer, S. K. 1964. *Philosophy in a New Key: A Study in the Symbolism of Reason, Rite and Art*. New York: New American Library.
Lorenz, K. 1973. *The Dark Side of the Mirror: Essay in the Natural History of Human Intelligence*. New York: Harcourt Brace Jovanovich, 1977.
Mahler, M., F. Pine, and A. Bergman. 1975. *The Psychological Birth of the Human Infant: Symbiosis and Individuation*. New York: Basic Books.
Marshack, A. 1972. *The Roots of Civilization*. New York: McGraw Hill.
Milne, A. A. 1927. *Now We Are Six*. New York: Dutton.
Piaget, J. 1932. *The Moral Judgment of the Child*. New York: Free Press, 1965.
—— 1936. *The Origins of Intelligence in Children*. New York: Norton, 1963.
—— 1937. *The Construction of Reality in the Child*. New York: Basic Books, 1954.
—— 1946. *Play, Dreams and Imitation in Childhood*. New York: Norton, 1951
—— 1952. *Autobiography*. (Reprinted in Evans, 1973)
—— 1954. *Intelligence and Affectivity: Their Relationship During Child Development*. Palo Alto, Calif.: Annual Reviews Monographs, 1981.
—— 1963. Language and Intellectual Operations. (Translated in Furth, 1981).
—— 1965. *Études sociologiques*. Geneva: Droz.
—— 1967. *Biology and Knowledge: An Essay on the Relations Between Organic Regulations and Cognitive Processes*. Chicago: University of Chicago Press, 1971.
—— 1970. Affective unconscious and cognitive unconscious. In *The Child and Reality: Problems of Genetic Psychology*. New York: Grossman, 1973.
—— 1974. *Adaptation and Intelligence: Organic Selection and Phenocopy*. Chicago: University of Chicago Press, 1980.
—— 1975. *The Equilibration of Cognitive Structures: The Central Problem of Development*. Chicago: University of Chicago Press, 1985.
—— 1976a. *Behavior and Evolution*. New York: Pantheon Books, 1978.

―― 1976b. The possible, the impossible, and the necessary. In F. B. Murray, ed, *The Impact of Piagetian Theory.* Baltimore: University Park Press, 1979.
―― 1980. Recent studies in genetic epistemology. *Cahiers de la fondation des archives Jean Piaget,* no. 1.
Reynolds, V. 1976. *The Biology of Human Actions.* San Francisco: Freeman.

注）刊行されている訳書〔訳者注：独語・仏語の原著からの英訳書を指す〕では，知識の理論にとって決定的な役割を果たす原著の正確な意味と精巧な識別とがまったく見えにくくされている。このため，次に挙げる文献からの本書で引用した英訳部分は私自身の手になるものである。

　フロイト 1895 を除くフロイトの全著作，カント 1786，ローレンツ 1973，ピアジェ 1946, 1963, 1967, 1975。

●邦訳書一覧
ブランギエ，J. C.
　（1980）　大浜幾久子訳　ピアジェ晩年に語る　国土社（1985）
エヴァンズ，R. I.
　（1973）　宇津木保訳　ピアジェとの対話　誠信書房（1975）
フロイト，S.
　（1900）　高橋義孝訳　夢判断　フロイト著作集 2　人文書院（1968）
　（1912）　小此木啓吾訳　精神分析における無意識の概念に関する二・三の覚え書き　フロイト著作集 6　人文書院（1970）
　（1913）　野田倬訳　証拠としての夢　フロイト著作集 10　人文書院（1983）
　（1914）　懸田克躬・吉村博次訳　ナルシシズム入門　フロイト著作集 5　人文書院（1969）
　（1915a）　小此木啓吾訳　本能とその運命　フロイト著作集 6　人文書院（1970）
　（1915b）　井村恒郎訳　抑圧　フロイト著作集 6　人文書院（1970）
　（1915c）　井村恒郎訳　無意識について　フロイト著作集 6　人文書院（1970）
　（1918）　小此木啓吾訳　ある幼児期神経症の病歴より　フロイト著作集 9　人文書院（1983）
　（1920）　小此木啓吾訳　快感原則の彼岸　フロイト著作集 6　人文書院（1970）
　（1924a）　吾郷晋浩訳　エディプス・コンプレクスの消滅　フロイト著作集 6　人文書院（1970）
　（1925）　高橋義孝訳　否定　フロイト著作集 3　人文書院（1969）
　（1926）　井村恒郎訳　制止・症状・不安　フロイト著作集 6　人文書院（1970）
　（1927）　浜川祥枝訳　ある幻想の未来　フロイト著作集 3　人文書院（1969）
　（1933）　懸田克躬・高橋義孝訳　精神分析入門（続）　フロイト著作集 1　人文書院（1971）

ファース，H. G.
 (1966) 染山教潤・氏家洋子訳　言語なき思考——聾の心理学的内含　誠信書房（1982）
 (1973) 中野善達・板橋安人訳編　聴覚障害児の学習——心理・社会的アプローチ　湘南出版社（1987）
 (1981) 植田郁朗・大伴公馬訳　ピアジェの認識理論　明治図書出版（1972）〔1969年のPrentice-Hall社刊行書の邦訳なので，1981年より早く1972年に刊行〕

マーラー，M.ら
 (1975) 高橋雅士他訳　乳幼児の心理的誕生——母子共生と個体化　黎明書房（1981）

ローレンツ，K.
 (1973) 谷口茂訳　鏡の背面　上・下　思索社（1974）

ピアジェ，J.
 (1932) 大伴茂訳　児童道徳判断の発達　同文書院（1956）
 (1936) 谷村覚・浜田寿美男訳　知能の誕生　ミネルヴァ書房（1970）
 (1946) 大伴茂訳　遊びの心理学　黎明書房（1967）
     大伴茂訳　表象の心理学　黎明書房（1969）
     大伴茂訳　模倣の心理学　黎明書房（1968）
 (1954) 波多野完治訳　子供の認識と感情　岩波書店（1970）
 (1963) 芳賀純訳　発生的心理学——子どもの発達の条件　誠信書房（1975）
 (1976a) 芳賀純訳　行動と進化　紀伊國屋書店（1987）

訳者あとがき

　本書は Hans G. Furth 著 *Knowledge As Desire : An Essay on Freud and Piaget*（1987年，Columbia University Press 社刊）の全訳である。原著は3年後にはペーパーバック版も出され，多くの読者を得ている。

1．本書の内容について

　ファースは本書でピアジェとフロイト両理論の統合を目指した。ピアジェとフロイトとの間には一般の印象とは大いに違って，多くの共通点がある。両者はまず，心理学という学術領域に居心地よく収まる人ではない。現今の心理学ではなおさらのことであろう。広い視野と深い学識から得たパースペクティヴによって全体的人間像を解明したこと，また，その意味で習慣的思考の圧力に対抗し得たということから，共に哲学者，思想家としての位置を占める。ここには具体的に19世紀後半からの生物学，大脳生理学の著しい発展という背景もあることをあえて指摘しておきたい。ピアジェの知識構造の発達，フロイトの原抑圧と欲動の昇華が共に有機体連続性の理論であることはまさにこれらの学問を出発点とするがゆえのことである。

　ここから，二人はそれぞれ人間について，人間心理について考えていくことになるが，共に，人間行動に焦点を当て，その理由を見出そうとして独創的な解釈を進めた。ピアジェは行動論理と知識を同等だとした。フロイトは周知の抑圧について欲動と欲望を無意識の心理のなかに永久的に保存しているとした。感情を保存するとはピアジェではもの知識に続く象徴形成によりなされ，人間知識の独自性はこの象徴形成の力にあるとされる。感情と知識はこのようにつながるが，この力の源流をピアジェは人間の発達のなかに見出した。フロイトだけでなく，ピアジェも，他者に対する欲望と情動を個人の発達の条件とみなしている。

ポパーの世界3に代表されるように，知識や論理というものは一般に「客観的」とされ，主観的，個人的なものの対極に位置づけられてきた。が，実は知識や論理は人の情熱や欲望の外にあるものではない。それぞれの子どもの発達において論理的一貫性や他人との共有を経験するなかでの強い快感，そして，その逆の経験からの不快感に発し，相互に人間関係内で作られてきたものである。こうして，生物的欲動と意識的知識の論理との間に必然的な結びつきがあることをピアジェは説いた。

ファースはピアジェ理論が誤解される理由，および，ピアジェとフロイトの共通性について検討し，ピアジェ理論を骨組みとして，フロイトの精神分析的洞察を組み込んでいく。人間に関わる現象，人間にもとを発する事象が，すべて群棲する私たち人間の総員の意思という形で形成されていることが明らかになる。超越的，絶対的なものはないという，気づけば当たり前に感じられるが，気づかせるのは至難の技である内容が，ピアジェのし残した仕事を完成させたいとするファースの手により，説得力をもって繰り広げられる。とりわけ，本書の眼目の一つである個人と個人の結び付きの根源性・重要性の指摘は消費経済社会の矛盾の一つとして，人をモノ化して見，扱う風潮の強い今日，まさに警鐘としての意味をもつことを強く感じさせる。

ファースは情動・欲望と知識とが人間の社会適応性の生物的進化と子どもの個人的な発達に共通の起源をもつ，コインの裏表の関係にあることを示し，ピアジェの明らかにした，知識の正体，その機能と限界を正しく評価することが，知識が社会的に，生産的にも破壊的にも働き得る力をもつに至った現在，必要不可欠なことだと訴える。

2．翻訳および訳語に関して

翻訳により，原著の出された社会とは異なる言語の社会に著作が紹介される。その際の問題点についてファースはフロイトやピアジェの著作が少なくとも英語に訳されることでどのような誤解を生んだかについて深刻な問題を何回も本書で投げかけている。

対応する訳語を欠くままに，不適切な訳語が或る言語社会で紹介されたり

定着したりした場合，永久にその著作・思想自体が直接原語で理解し得た少数者を除いては理解されずに終わるというケースは日本社会でも現実にいくつか見られる。また，同時に，或る学界で或る訳語がひとたび使われると，その語に定めて訳すことが要請されたり，また，一般化するということがある。

　ウィーン生まれのファースは母語はドイツ語であるが，若いときから英語圏で生活を始め，さらに，ピアジェのもとでの研究生活はフランス語圏で行なっている。こうした事情で，本書での引用に当たっても，原著が独仏語であるものは英訳された書によらず，自らの手で英訳したものを載せている。微妙な違いの表示や精巧な表現が必要な場合には欧州の語の間でも相当，問題が起きることが明らかにされる。したがって，訳者も引用部分に関し，邦訳書がある場合もそれによらず，ファースの英訳そのものを日本語に訳すことにした。

　また，本書がいわゆる心理学の領域に収まるものではないこともあって，現在，日本の心理学界で定着している訳語もそのまま使うことが原著の意図を正しく伝えないと判断したいくつかの語に関しては，新たに，誤解の起きないような表現を当てたり作ったりしたことを明らかにしておきたい。

3．終わりに

　ファースの邦訳は氏家にとっては染山教潤氏と『言語なき思考』を訳出して以来，久々の刊行となった。今回はフロイトとピアジェが生物学，神経生理学という共通の基盤をもつことに深く関わる書ということで，生化学の翻訳に携わる浦和かおる氏と組むことになった。原著が出てから2年ほど後に誠信書房からお話があり，浦和氏が初めに全訳をし，次いで氏家が手直しをして訳稿をお届けしてから長い月日が経った。出版界で要請されるものにも世相が反映されていることであろうし，世界的な経済危機も長期に渡る。2002年春，刊行を具体化する旨の連絡を受けて，読み直しを始めたが，不満足な部分が目に付き，手直しに時間を費やした。この間，上の2に述べたようなことを言語文化学の学徒としても，翻訳書を原著と照合するこ

との多い読み手としても，経験することが多くなっていたため，なおさら時間が必要になった。

　本書で展開された広汎で学際的な内容への理解・関心はもともと，在野の故田辺振太郎先生（科学史・哲学）による長年のご指導により育まれた。この邦訳の刊行でわずかでもご遺志を継いだことになればこれほど嬉しいことはない。言語学と哲学との間を揺れ動く時期に，個別科学をすることで哲学の問題を考えよと，さらに，翻訳は社会に役立てるために必要だと説いて下さった明治大学の故山田坂仁先生（哲学），そして，常にこうした問題について考え続けられるよう，明治大学で1980年から論理学，言語思想の講義をする機会を与えて下さった篠崎武先生（哲学）のお力添えなしには刊行に至らなかったことを思い，ここで改めて感謝申し上げたい。

　訳出に当たっては難解な英語や英語独特の話し言葉についてはグレイアム・ヒーリー氏（英国シェフィールド大学・日本学）に，工学系の知識が必要な箇所等については和田修氏（神戸大学・光電子工学）にご教示を得た。多忙ななかでのご協力に心からお礼申し上げたい。

　誠信書房の児島雅弘氏には先述の手直しが校正の段階でも続いたことでご迷惑をお掛けしたが，同時に叱咤激励されることで少しずつ前進した。ここに記してお詫びとお礼を申し上げたい。

　憂うべき問題の多い現代社会を生きるなかで，本書にはその解明へ向けて人が力を合わせて取り組むにふさわしい根源的な内容が呈示されている。訳者の非力による誤訳や表現不足については読者の皆様のご指摘やご批判を仰ぎながらファースの訴え，追究するところが日本語社会のなかにできるだけ正しく届くことに努めたいと希っている。

2002年12月

　　　　　　　　　　　　　　　　　　　訳者を代表して　氏家　洋子

索　引

ア　行

愛着　6, 60, 83, 94, 119, 124, 138, 141, 176
新しさ，知識における　74-75, 143-148, 168-169
意識　54-56, 102-103
一次過程　53, 55, 62, 93-94, 97
イド　56-57, 61-62, 65, 70, 102-103, 142, 170, 177, 180-181
エヴァンス　(Evans, Richard)　162
エディプス空想(エディプス・コンプレックス)　58, 60, 62, 64, 65, 95, 97, 102, 177
　　──の崩壊　69
エネルギー　90-91, 93-95, 97
置き換え　49, 90

カ　行

快感原則　62, 71, 93-96, 98, 101-103
科学的　→知識
カーティス　(Curtiss, Susan)　118
可能性の開放　23, 82, 134, 170
感覚運動　7, 34, 73-74, 92, 164, 166, 176
　　→もの-形成
　　→象徴-形成
感情（情動性）　4, 49, 51-53, 57, 60, 95, 97, 107, 164
カント　(Kant, Imanuel)　59, 109, 150-151, 174, 178
客観的　→知識
協力　159, 165-167, 178
キルケゴール　(Kierkegaard, Søren)　1, 5
均衡（均衡化）　30, 85, 87, 138-139, 165

具体的操作　81-82, 96, 141-142, 149, 166, 177-178
経験主義　74, 149, 155
形式的操作　149, 168-169, 177-178
芸術　2, 124-125, 175, 180
言語　10, 112, 152-153, 175-176, 179
現実検査　91
現実原則　62, 71, 94-96, 103
個人間の関係
　　知識と欲動の前提条件　23, 96, 102-104, 114-118, 120-122, 158-159
　　──と道具的関係　164-167
　　──と人間化　110-126, 164-167
　　──と発達　139
コミュニケーション　112, 137-139, 176

サ　行

自我　56-57, 65, 91-93, 103
自己中心的　41, 94, 132, 138
社会適応性　110-112, 114, 117-118, 120, 141-142, 144, 152, 163-167, 181
　　→個人間の関係
自由と必然性　154-155, 180
昇華　170, 176-177, 180
象徴
　　──形成　10, 35-43, 99-100, 131
　　最初の──　68, 98, 121, 140-142
　　さまざまな形態　8-11, 36, 87
　　──の内在化　40
　　フロイト理論における──　47-48
　　──欲動結合　88-90, 100-101, 108-109,

132-135
進化
　　知識の―― 143-148
　　論理の―― 148-159
神経症 14, 58, 67-68
信号，感覚運動 39
進歩欲動 67
性的特質 →欲動
前意識（前意識的） 54-55, 58, 61, 134
前操作 137
像 91-92, 135
　心像 9, 31
操作
　　個人間の共同‐構成としての―― 139-142,
　　158-159, 169
　　象徴の調整としての―― 23, 120-121,
　　130-143

タ 行
段階 20, 136, 143
知覚 9, 21, 38, 54, 61, 91
知識
　　客観的・科学的―― 17-18, 40, 128-129,
　　151, 153, 175
　　行動調整 17-25, 36, 136, 171
　　――の模写モデル 130
　　――のもの 6-7, 24-25, 37
　　欲動との結合 76, 158-159, 169, 174-175, 180
超自我 56, 63, 177, 181
調節
　　――と意識 62
　　同化との対立 73-79
　　――と個人的選択 4-5
　　――と象徴形成 40-43
　　――と進化 156-157
　　――と発達 26-27, 29, 73-75
　　――と模倣 38-39
同化
　　――と遊び 38, 41-42

　　――と進化 155-157
　　――と生命 19, 73, 145-146
　　――と前意識 134
　　――と発達 25-28, 38, 73-75
　　――と必然性 179
　　→論理
統御 18-19, 156
道徳性 103, 154, 159, 166
道徳律 163-171, 181
投入 65, 70, 88-89, 91, 94-98, 135
　　→象徴欲動結合

ナ 行
ナルシズム 57
二次過程 53, 55, 62-63, 94, 96-97
認知科学 173-174

ハ 行
はく奪の経験 118-119
発達 3, 18, 29, 64-66, 165
　　概略 96-97
　　――における回り道 98
　　――の条件 83-87, 143
　　→均衡
　　→調節
ハンフリー（Humphrey, Nicolas） 110-111
表現型模写 146-147
表象 9, 31, 39, 43, 66-67
ファース（Furth, Hans） 119, 153
フィッシャー（Fisher, Susan） 114
ブランギエ（Bringuier, Jean-Claude） 3
保存，操作の完結 81
ポパー（Popper, Karl） 175
本能 13-14, 59, 65, 115-117

マ 行
マクマレイ（Macmurray, John） i-ii
マーシャック（Marshak, Alexander） 113,
　　123-125

魔法的思考 30
マーラー（Mahler, Margaret） 107
マルクーゼ（Marcuse, Harbert） 68
ミルン（Milne, A. A.） 142
無意識
　社会的―― 168
　心理 50-55, 66-68
　知的―― 134
　――の形成 55-63
　もの →知識
もの‐形成 24-35, 99-101

ヤ　行

夢‐形成
　ピアジェ 135
　フロイト 47-53
ユング（Jung, Carl） 47-48, 72
幼児期，進化と発達における 113-125
抑圧，原 60, 63-70, 95, 102-103, 141-142, 176-177
欲動
　限定的同化としての死の―― 80-87, 101-102
　構成的同化としてのエロス―― 57-76, 101-102
　性的―― 12, 55, 71, 108-109, 113-123（人間化）
　二つの基本的―― 77-87
　→本能

ラ　行

ラバール（LaBarre, Weston） 114
ランガー（Langer, Susan） 121-122
レイノルズ（Reynolds, Vernon） 112, 115, 123
聾 119, 153
ローレンツ（Lorenz, Konrad） 80, 112-113, 115-116, 155
論理 166, 173
　生命対事物の―― 170, 174-175
　――と個人間の関係 137-138, 162-171
　――と進化 143-159
　――と知識 13, 171-172, 178-179
　――と同化 19-20, 135-136
　――と発達 75, 84, 173-174
論理的必然性 75, 82-83, 96-97, 103, 134, 148-151, 159, 161, 172, 178

ワ　行

「私の‐ものが‐欲しい」 64, 94-95, 117, 132, 137-138, 171, 175-176

訳者紹介

氏家洋子（うじいえ　ようこ）
1971年　早稲田大学大学院文学研究科博士課程単位取得
現　在　埼玉学園大学人間学部教授
著訳書　『言語文化学の視点──「言わない」社会と言葉の力』
　　　　　おうふう
　　　　ファース『言語なき思考』（共訳）誠信書房
　　　　ブンゲ『言語とは何か』誠信書房　他

浦和かおる（うらわ　かおる）
本　名　氏家　卓（うじいえ　たかし）
1962年　東京大学農学部卒業
現　在　生化学翻訳業・フードアドバイザー
著訳書　コックス『ぼくが肉を食べないわけ』築地書館
　　　　エドワーズ／パサルディ『ＢＢＣフードチェック』
　　　　築地書館　他

ハンス G. ファース
欲望としての知識──フロイトとピアジェについての論考

2003年2月10日　第1刷発行　　　　定価はカバーに
　　　　　　　　　　　　　　　　表示してあります

訳　者	氏　家　洋　子
	浦　和　かおる
発 行 者	柴　田　淑　子
印 刷 者	井　川　高　博

発 行 所　株式会社　**誠信書房**
☎ 112-0012　東京都文京区大塚 3-20-6
　　　　　　電話 03 (3946) 5666
　　　　　　http://www.seishinshobo.co.jp/

新興印刷　清水製本　　落丁・乱丁本はお取り替えいたします
検印省略　　　　　　無断で本書の一部または全部の複写・複製を禁じます
ⓒ Seishin Shobo, 2003　　　　　　　　　　Printed in Japan
　　　　　　　　　　　　　　　ISBN4-414-30294-3 C3011

乳幼児の考える世界
M・サイム著／星 三和子 訳

●目で見るピアジェ理論　学齢前の子どもを持つ親が子どもの心の成長とともに、月ごとに年ごとに一つの章を読み、その知的な成長を学び育てるのを助けるために、多くの写真を使った楽しい書となっている。

子どもの思考
R・S・シーグラー著／無藤 隆・日笠摩子 訳

多くの人びとを魅了してやまない「子どもの思考」について、認知・発達心理学の最新の研究成果を網羅した画期的・体系的な書。各章毎に章の構成・要約・文献案内を付し、研究者にも学習者にも役立つ概説書。

言語とは何か
M・ブンゲ著／氏家洋子 訳

●その哲学的問題への学際的視点　本書は、現代の言語学、特にチョムスキーにより提唱された変形生成文法によりひき起こされた方法論的・哲学的問題を扱っている。言語学に関する哲学的問題について論じた。

志向性
J・R・サール著／坂本百大 監訳

●心の哲学　言語のもつ表象能力は心の志向性に由来し、この志向性はそもそも心的状態そのものに内在しているとする。心の哲学とAI（人工知能）論とが脱構築を試みるための試金石ともいえる書である。

誠信書房

P・リーフ著／宮武　昭・薗田美和子　訳
フロイト　モラリストの精神

政治的人間、宗教的人間、経済的人間に続く最後の西欧的人間の類型、つまり20世紀の心理的人間の出現を著者はフロイトの道徳的メッセージから解読し、古代ギリシアから現代に至る思想史のなかに位置づける。

フィリップ・ジュリアン著／向井雅明　訳
ラカン、フロイトへの回帰

●**ラカン入門**　本書はラカンの理論的展開を、ラカンがまだフロイトを完全に受け入れていなかった三十年代から取りあげ、フロイトの理論を全体的に受容する過程を経て結び目の理論に至った考えを考察した。

A・ロレンツァー／河田　晃　訳
精神分析の認識論
言語・思想叢書

ドイツで最も有名な精神分析家の著者は、精神分析の認識形成と認識対象を科学論的に厳密に規定し、社会理論的にも堅固な基盤の上にすえた。本書は、精神分析とはいかなる科学かを考えるとき不可欠である。

R・ドロン著／外林大作　監修・高橋協子　訳
知の精神分析

●**フランスにおけるフロイト理論の展開**　やがてラカンと出会うことになるフロイトの精神分析がフランスにおいてどのように受容され発展したかを、鍵となる論文を豊富に引用しながら、精神分析の核心に迫る。

誠信書房

誠信 心理学辞典

外林大作・辻 正三・島津一夫・能見義博 編

本辞典は、心理学とその隣接領域に関する基本用語から最新の理論的業績までを平易な記述と小項目方式の配列により、広く一般・学生・研究者に贈る心理学辞典の決定版である。現代人の伴侶として提供する。

20世紀思想家事典

G・E・ディヴァイン・M・ヘルド・J・ヴィンソン：編／木田元・阿部美哉・鈴木幸壽・外林大作・陸路直・伊東光晴：監修

20世紀に活躍した思想家四三名について、詳細な経歴、著作目録、論評の三部によって構成された人名大事典。哲学、心理学、社会学、経済学、宗教学、言語学、物理学、建築学、文学、美術、演劇など全領域を網羅。

心理学史

T・H・リーヒー著／宇津木 保 訳

● 心理学的思想の主要な潮流　有史以来発展してきた代表的な心理学的概念をたどりながら、現代の文化や社会にとって、心理学はどういう意味をもっているのか、近年の認知心理学の発展までを扱った最新の学史。

心理学の新しいかたち

下山晴彦・子安増生 編著

● 方法への意識　専門の枠を超えて、心理学の新しい方法や方法に関する議論をどのように統合し、次の時代の新しいかたちを創っていくのかというテーマに取り組む。気鋭の心理学者が心理学の展望をこころみる。

誠信書房